Lewis Carroll (d. i. Charles Lutwidge Dodgson), geboren am 27. Januar 1832 in Daresbury/Cheshire, ist am 14. Januar 1898 in Guildford gestorben.

Logische Paradoxien. Trugschlüsse, mathematisch-physikalische Kuriosa. Schachprobleme, wörtlich genommene Sprache – das sind die Briefe, die Carroll seinen kleinen Freundinnen schrieb. Jeder dieser Briefe ist eine Unsinngeschichte in nuce.

Hinter dem Pseudonym Lewis Carroll versteckte sich Charles Lutwidge Dodgson, ein menschenscheuer, eigenbrötlerischer Dozent für Logik und Mathematik am Christ-Church-College in Oxford. Äußerlich verlief sein Leben ereignislos. Nur unter Kindern wurde aus dem Sonderling ein sprühender Erzähler voller Phantasie und Einfallskraft.

»Die Technik der Briefe, die Carroll seinen kleinen Freundinnen schrieb, ist der Traumtechnik verwandt: das ›Rezente‹ wird zum Anlaß genommen und ins Absurde, Unsinnige ausgesponnen. Die Briefe werden nicht geschrieben, *um* eine bestimmte Geschichte zu erzählen, vielmehr entsteht beiläufig eine Geschichte, *wenn* und *weil* ein Brief geschrieben wird.« *Klaus Reichert*

insel taschenbuch 1554
Lewis Carroll
Briefe an
kleine Mädchen

Lewis Carroll

Inhalt

Lewis Carroll
Briefe an kleine Mädchen
9

Lewis Carroll
Acht oder neun weise Worte
übers Briefeschreiben
192

Klaus Reichert
Der geheime Verführer
200

Nachbemerkung zur Neuausgabe
210

Nachweise
211

*Einer Alice
und einer Anna*

Vater Dodgson an seinen achtjährigen Sohn (1840)

Ich werde Deinen Auftrag nicht vergessen. Sobald ich in Leeds bin, werde ich in der Mitte der Straße herausbrüllen: *Eisenhändler – Eisenhändler –* . Sechshundert Männer werden im Nu aus ihren Läden geschossen kommen – in alle Himmelsrichtungen fliegen, fliegen – die Glocken läuten, die Konstabler rufen – die Stadt in Brand stecken. Ich *will* eine Feile und einen Schraubenzieher und einen Ring, und wenn man mir die nicht auf der Stelle bringt, werde ich in vierzig Sekunden von der ganzen Stadt Leeds nur ein Kätzchen am Leben gelassen haben, und das auch nur, weil ich leider nicht die Zeit habe, es umzubringen.

Was für ein Geschrei und Haareausraufen wird es da geben! Schweine und Säuglinge, Kamele und Schmetterlinge wälzen sich gemeinsam in der Gosse – alte Weiber huschen die Schornsteine hoch und Kühe hinter ihnen drein – Enten verstecken sich in Kaffeetassen, und fette Gänse versuchen sich in Federmäppchen zu quetschen – schließlich wird man den Bürgermeister von Leeds in einem Suppenteller finden, mit Vanillesoße begossen und mit Mandeln besteckt, damit er aussieht wie ein Schwammkuchen und auf diese Weise vielleicht der furchtbaren Zerstörung der Stadt entgeht... Schließlich bringt man die Sachen, die ich bestellt habe, und dann verschone ich die Stadt und schicke in fünfzig Wagen und unter dem Geleitschutz von 10000 Soldaten eine Feile und einen Schraubenzieher und einen Ring als Geschenk an Charles Lutwidge Dodgson* von seinem ihn liebenden   Papa.

* Der bürgerliche Name von Lewis Carroll.

1. Alice Pleasance Liddell (›Das Bettlermädchen‹)

*Charles L. Dodgson an Henrietta und Edwin Dodgson,
zwei jüngere Geschwister*

Christ Church College, Oxford,
31. Januar 1855

Meine liebe Henrietta,
Mein lieber Edwin,
herzlichen Dank für Euer schönes kleines Geburtstagsgeschenk – es ist viel schöner, als es ein Spazierstock je hätte sein können –, ich trage es an meiner Uhrkette, aber der Dekan hat es noch nicht bemerkt.

Mein einziger Schüler hat bereits mit mir zu arbeiten angefangen, und ich möchte Euch beschreiben, wie die Stunde verläuft. Am wichtigsten ist es, wißt Ihr, daß der Tutor würdevoll ist und gehörigen Abstand vom Schüler wahrt und daß der Schüler so klein wie möglich gemacht wird. Sonst ist er nicht demütig genug, wißt Ihr. So sitze ich also in der äußersten Ecke des Zimmers; vor der Tür *(die geschlossen ist)* sitzt der Diener; vor der äußeren Tür *(ebenfalls geschlossen)* sitzt der Unter-Diener; eine halbe Treppe tiefer sitzt der Unter-Unter-Diener; und draußen im Hof sitzt der *Schüler*.

Die Fragen werden von einem zum andern gebrüllt, und die Antworten kommen genauso zurück – es ist ziemlich verwirrend, bis man sich daran gewöhnt hat. Die Stunde verläuft etwa so:

Lehrer: Was ist drei mal vier?
Diener: Was ist Bleiklavier?
Unter-Diener: Wo ist mein Saphir?
Unter-Unter-Diener: Was ist Dein Souvenir?
Schüler (schüchtern): Nur ein Stück Papier!

Unter-Unter-Diener: Laß doch das Geschmier!
Unter-Diener: Grüß den Kavalier!
Diener: Sei kein dummes Tier!
Lehrer (schaut beleidigt, versucht's aber mit einer neuen Frage):
Teile einhundert durch zehn!
Diener: Eile die Hunde zu sehn!
Unter-Diener: Eh sie das Gras niedermähn!
Unter-Unter-Diener: Und sich im Grab herumdrehn!
Schüler (überrascht): Wen meinst Du?
Unter-Unter-Diener: Die Schein-Kuh!
Unter-Diener: Rot ist mein Schuh!
Diener: Passepartout!
Und so geht die Stunde weiter.
So ist das Leben.

      Sehr herzlich Euer Bruder
       Charles L. Dodgson

2. Alice P. Liddell
(›Das Bettlermädchen‹, 2. Fassung)

An Mary MacDonald
>Christ Church, Oxford,
>23. Mai 1864

Mein liebes Kind,
Es ist so schrecklich heiß hier gewesen, daß ich fast zu schwach war, die Feder zu halten, und selbst wenn ich das gekonnt hätte, wäre doch keine Tinte dagewesen – das ganze Zeug hatte sich in eine Wolke schwarzen Rauchs aufgelöst, und in diesem Zustand ist sie durchs Zimmer getrieben und hat Decke und Wände so schwarz gemacht, bis man sie kaum mehr sehen konnte: heute ist es kühler, und ein bißchen ist in Form von schwarzem Schnee ins Tintenfaß zurückgekommen – es wird bald genug dasein, daß ich schreiben und die Photos, die Deine Mama möchte, bestellen kann.

Diese Hitze macht mich sehr traurig und verdrießlich: manchmal kann ich mich kaum beherrschen. Zum Beispiel gerade eben kam der Bischof von Oxford mich besuchen – das war sehr höflich von ihm, und er führte nichts Böses im Schilde, der Arme: aber sein Kommen hat mich so gereizt, daß ich ihm ein Buch an den Kopf warf, was ihn leider ziemlich verletzt hat – (Merke: Das ist nicht ganz wahr – also brauchst Du's nicht zu glauben – Sei das nächstemal nicht so rasch bei der Hand mit dem Glauben – Ich sag Dir warum. Wenn Du Dich anstrengst, alles zu glauben, ermüdest Du die Glaube-Muskeln Deines Geistes, und dann bist Du so schwach, daß Du die einfachsten wahren Dinge nicht mehr glauben kannst. Erst letzte Woche strengte sich ein Freund von mir an, ›Das tapfere Schneiderlein‹ zu glauben. Er brachte das auch fertig, war aber so erschöpft davon, daß er, als ich ihm sagte, es regne (und das war wahr), es *nicht* glauben konnte, sondern ohne Hut oder Schirm auf die Straße hinauslief, weshalb sein Haar ernstlich feucht wurde und eine Locke fast zwei Tage lang ihre alte Form vergeblich suchte. (Merke: Auch *davon* ist nicht alles wahr, leider.)) Willst Du bitte Greville sagen, daß ich mit seinem Bild gut vorankomme (um es in den ovalen Rahmen zu stecken, weißt Du) und es in ein oder zwei Tagen zu schicken hoffe. Sag auch Deiner Mama, daß leider keine meiner Schwestern diesen Sommer nach London kommen wird.

Mit freundlichen Grüßen an Deinen Papa und Deine Mama und meiner Liebe Dir und den anderen Kindern verbleibe ich herzlichst

                    Dein Freund
                    Charles L. Dodgson.

Das einzige Pech, das mir letzten Freitag zugestoßen ist, war, daß *Du* mir geschrieben hast. Na!

An Mary MacDonald

5. Dez. 1864

Meine liebe Mary,
Ich hätte längst schreiben sollen, um mich für das Sonett*
zu bedanken – denk aber bloß nicht, ich hätte nicht *geschrieben*, Hunderte von Malen: nein, die Schwierigkeit
lag darin, die Briefe richtig *einzuwerfen*. Erst warf ich sie
mit so viel Schwung ein, daß sie weit übers Ziel hinausschossen – ein paar hat man am hintersten Ende von
Rußland aufgelesen –: und auf*gelesen*. Letzte Woche hätte
ich's beinah getroffen, d. h. ich schaffte tatsächlich ›Earl's
Terrace, Kensington‹, aber leider bin ich über die Hausnummer hinausgeschossen: statt 12 machte ich nämlich
12 000. Wenn Du also bei Nr. 12 000 nach Deinem Brief
fragst, wird man ihn Dir bestimmt geben. Danach wurde
ich krank und war so schwach, daß ich mit den Briefen
überhaupt nicht mehr weit kam: einer kam nicht weiter
als bis in die Zimmerecke. Er liegt jetzt neben dem Fenster, nicht wahr, Sambo? ›Oj, Massa, is sich geflogen fast
durch Fenster!‹ Daraus wirst Du schließen, daß mein
Diener ein Nigger ist, stimmt aber nicht – nur bewundere ich die Nigger so sehr, daß ich ihm beigebracht habe,
gebrochen Englisch zu sprechen, und ich nenne ihn
Sambo (eigentlich heißt er John Jones), und jeden Morgen bearbeite ich sein Gesicht mit Schuhwichse. Er sagt,
gebrochen Englisch zu sprechen mache ihm Spaß, aber
sein Gesicht schwarz gemalt zu kriegen gefalle ihm gar
nicht – sieht aber doch sehr phantasievoll aus, sage ich
ihm.

* Mary hatte für ihn ein Sonett von Rossetti über Shakespeare abgeschrieben.

Ich habe vor, ein paar Tage vor Weihnachten in der Stadt zu sein, und werde auf fünf Minuten einmal vorbeikommen, an irgendeinem Nachmittag. Kennen Deine Eltern Miß Jean Ingelow?* Wie ich sehe, wohnt sie in Kensington.

                Herzlichst Dein Freund
                          C. L. Dodgson.

* Lyrikerin und Romanschriftstellerin (1820-1897)

3. Alice P. Liddell

An Mary MacDonald
Christ Church, Oxford,
22. Januar 1866

Meine liebe Mary,
Ich bin sehr froh, daß Dir das neue Exemplar von ›Alice im Wunderland‹ gefällt, und ich würde sehr gern Euch alle, auch ›Schneeglöckchen‹, besuchen kommen, wenn ich nur Zeit hätte, was leider jetzt nicht der Fall ist. Aber übrigens bist Du jetzt an der Reihe, mich zu besuchen. Ich weiß genau, daß *ich* Dich zuletzt besucht habe. Mein Zimmer kannst Du ganz leicht finden, wenn Du herkommst, und was die *Entfernung* angeht – weißt Du, schließlich ist Oxford so weit von London wie London von Oxford. Wenn Dir Dein Erdkundebuch *das* nicht beibringt, muß es erbärmlich sein, und Du solltest Dir lieber ein anderes besorgen.

Jetzt möchte ich aber wissen, was Du damit *meinst*, wenn Du Dich ›frech‹ nennst, weil Du mir nicht eher geschrieben hast! Frech, na weißt Du! Quatsch und Unsinn! Glaubst Du, *ich* würde mich für frech halten, wenn ich Dir, sagen wir mal, 50 Jahre nicht geschrieben hätte? Kein bißchen! Ich würde einfach ganz wie sonst anfangen. »Meine liebe Mary, vor 50 Jahren hast Du mich gefragt, was Du tun sollst, weil Dein Kätzchen Zahnschmerzen hat, und mir ist gerade eingefallen, daß ich Dir dazu noch schreiben muß. Vielleicht haben die Zahnschmerzen inzwischen aufgehört – wenn nicht, wasch das Tier vorsichtig mit Mehlpudding, gib ihm 4 in Siegellack gekochte Nadelkissen zu essen und tauche seine Schwanzspitze in heißen Kaffee. Es ist nicht bekannt, daß dieses Mittel jemals versagt hat.«

4. Alice P. Liddell

Da siehst Du's! Das ist die richtige Art zu schreiben. – –

Bitte sag mir die Familiennamen Deiner Vettern und Kusinen (das waren sie doch?), die ich an einem Abend in eurem Haus kennengelernt habe. Mary und May hießen sie mit Vornamen. Und sag bitte auch Deinem Papa, daß ich seinen Roman ›Alec Forbes of Howglen‹ gelesen habe und entzückt bin und Annie Anderson *sehr gern* im wirklichen Leben kennenlernen möchte. Wo wohnt sie?

Mit sehr freundlichen Grüßen an Deinen Papa und Deine Mama und herzlichen Grüßen an Deine Brüder und Schwestern verbleibe ich
Dein Dich liebender Freund
Charles L. Dodgson.

An Annie Rogers [1867]

Meine liebe Annie,
Das ist ja ganz entsetzlich. Du machst Dir keine Vorstellung, wie verzweifelt ich bin, während ich dies schreibe. Ich muß mir einen Schirm vorhalten, damit die Tränen nicht aufs Papier tropfen. Warst Du gestern da, um photographiert zu werden? Und warst Du *sehr* ärgerlich? Warum ich nicht da war? Also, die Sache war so – ich habe mit Bibkins einen Spaziergang gemacht, mit meinem lieben Freund Cipkins – wir haben Oxford meilenweit hinter uns gelassen – fünfzig Meilen – hundert. Als wir über eine Schafweide huschten, huschte mir ein Gedanke durch den Kopf und ich sagte feierlich-ernst: »Dopkins, wieviel Uhr ist es?« »Drei«, sagte Fipkins,

überrascht durch meinen Tonfall. Tränen rannen mir die Wangen hinab. »Es ist die STUNDE«, sagte ich. »Sag mir, sag mir, Hopkins, welcher Tag ist es?« »Na Montag natürlich«, sagte Lupkins. »Dann ist es der TAG!« stöhnte ich. Ich weinte. Ich schrie. Die Schafe sammelten sich um mich und rieben ihre liebevollen Nasen an meiner. »Mopkins!« sagte ich, »Du bist mein ältester Freund. Verbirg mir nichts. Nupkins! Welches Jahr ist es?« »Also – ich glaube 1867«, sagte Pipkins. »Dann ist es auch das JAHR!« schrie ich, und zwar so laut, daß Tapkins ohnmächtig wurde. Es war alles vorüber: ich wurde auf einem Pferdefuhrwerk nach Hause gebracht, begleitet von dem Weinen Wopkins, in mehreren Stücken.

Wenn ich mich von dem Schock erholt habe und ein paar Monate an der See gewesen bin, werde ich mich melden und einen neuen Tag zum Photographieren verabreden. Ich bin noch zu schwach, um dies hier selber zu schreiben, also schreibt Zupkins für mich.

Dein untröstlicher Freund,
Lewis Carroll

An Lily MacDonald

The Residence
Ripon.
5. Jan. 1867

Meine liebe Lily,
Ich habe Dir ein kleines Buch, ›Der Jungbrunnen‹, schikken lassen, als Neujahrs-Geschenk, und hoffe, daß dieser Brief Dich noch rechtzeitig erreicht, um Dich vor dem Kommen des Buches zu warnen, damit der Schock für Deine Nerven nicht gar so groß ist.* Das Buch sollst Du Dir von außen betrachten und dann in den Bücherschrank stellen: das *Innere* ist nicht zum Lesen bestimmt. Das Buch hat eine Moral – ich brauche kaum hinzuzufügen, daß sie *nicht* von Lewis Carroll stammt.

Die Moral lautet: Wenn junge Damen darauf *bestehen*, als kleine Mädchen angesehen zu werden, lange nachdem ihr Haar grau und ihr Gesicht runzlig zu werden begann (ich kenne eine Familie in Kensington, in der die älteste Tochter darauf besteht – und sie ist *fast* 57!), dann werden sie als Klausnerinnen ihre Tage beschließen und 50 Kreuzchen einen ganzen Berg hinauf zimmern – – Je nun, mach Dir nichts aus der Moral. Ich hoffe, daß Du jedenfalls noch ein Kind bist, wenn ich Dich das nächstemal sehe.

Weshalb ich meine ›Liebe‹ Deinen Brüdern und Schwestern nicht geschickt habe, hat zwei Gründe – der eine ist, daß sie sie mir immer *wieder*senden, als sei sie ihnen keinen Pfifferling wert; der andere ist, daß sie in diesem Frostwetter ihre ganze Wärme auf dem Weg ver-

---

* Lily war fünfzehn Jahre alt.

lieren wird. Die Bäume hier sehen wunderschön aus – als ob man die Sommerwälder genommen und ihnen ihr ganzes Grün ausgefroren hätte: es sieht genau wie im Feenreich aus.

Alles Liebe an die ganze junge Brut,
>Dein Dich liebender ›Onkel‹
C. L. Dodgson.

Ich hoffe, Du kannst Dir heute die Pantomime ansehen. Danke Deiner Mama für ihren Brief, der heute morgen kam. Meine Schwestern lassen Deine Mama freundlich grüßen und wünschen euch allen ein gutes Neues Jahr.

An Agnes (Dolly) Argles

Christ Church, Oxford,
28. Nov. 1867

Liebe Miß Dolly,
Ich habe eine Nachricht für Sie von einem Freund von mir, Mr. Lewis Carroll, der ein komischer Vogel von einem Schöpfergeist ist und ein bißchen zu gern Unsinn redet. Er sagte mir, Sie hätten ihn gebeten, doch noch einmal so ein Buch zu schreiben wie das, das Sie kennen – ich habe den Titel vergessen. Jedenfalls war es etwas recht M-Alice-jöses. ›Sagen Sie ihr‹, sagte er, ›daß ich gerade eine kleine Geschichte geschrieben habe, die in *Aunt Judy's Magazine* abgedruckt ist, und daß ich ihr ein Heft habe zuschicken lassen.‹

›Ist recht‹, sagte ich, ›aber ist das alles, was Sie ihr sagen wollen?‹

›Ja, noch etwas‹, sagte er, und ein paar Tränen rieselten

5. Alice P. Liddell

ihm die Backen hinunter, ›sagen Sie ihr, ich hoffte, sie wäre nicht böse mit mir, weil ich mit ihrem Namen soviel Unsinn gemacht habe. Sie wissen ja, daß ich manchmal Unsinn rede – (»immer«, sagte ich) – und wenn sie böse war, hoffe ich, daß sie mir inzwischen vergeben hat.‹ Hier strömten die Tränen in Gießbächen über mich wie Regen (ich habe vergessen, zu erwähnen, daß er sich aus einem Fenster im Oberstock lehnte, während er mit mir sprach), und als ich fast ganz durchnäßt war, sagte ich, ›Hören Sie endlich auf, oder ich werde ihr überhaupt nichts schreiben!‹ Daraufhin zog er seinen Kopf ein und schloß das Fenster. Wenn Sie ihm einmal schreiben wollen, tun Sie es am besten durch mich.

Mit ergebenen Grüßen,   Ihr Charles L. Dodgson.

An Mary MacDonald

> Ch. Ch. Oxford,
> 30. Nov. 1867

Meine liebe Mary,
Es ist so lang her, seit ich Dich gesehen habe, daß ich fast fürchte, Du könntest die Gelegenheit ergriffen haben, um ›erwachsen‹ zu werden, und daß Du die Nase über meinen Brief rümpfst und rufst, ›ein hübsch unverschämtes Gebräu. Dein Dich liebender Onkel, hat sich was! Dein Dich liebender Quatsch mit Soße! Ich werde ihm einfach *in der dritten Person* zurückschreiben! »Miß M. MacDonald sendet beste Empfehlungen und ist überrascht etc. etc.«

Ich schicke Dir das neue Heft von ›Aunt Judy's Magazine‹, das Du neben Dein Exemplar der ›Alice‹ stellen kannst, weil eine Geschichte von dem gleichen Schriftsteller drinsteht.* Also, freundliche Grüße Deinem Papa und Deiner Mama, und alles Liebe sämtlichen Brüdern und Schwestern, die Du haben magst.
Ich bin
    Dein Dich liebender Onkel
        C. L. Dodgson.

---

* ›Bruno's Revenge‹, erschienen im Dezemberheft von *Aunt Judy's Magazine* (Nr. 20). Diese Erzählung war der Kern von *Sylvie and Bruno* (1889).

An Agnes (Dolly) Argles
(in winziger Schrift)

4. Dez. 1867

Verehrtes Fräulein,
Mr. Lewis Carroll bat mich heute morgen, Ihnen an seiner Stelle zu schreiben. Zunächst ist er Ihnen sehr verbunden für Ihren netten Brief, und er schickt Ihnen eine Photographie von sich, damit Sie sich nicht länger den Kopf darüber zerbrechen müssen, wie er aussieht, und er hofft, daß Sie ihm auch ein Bild von sich schicken. (Er sagt, das letzte hätte ich nicht schreiben sollen: der Satz müßte mit ›wie er aussieht‹ aufhören.) Dann möchte er sehr gern wissen, wie alt Sie sind. Ich sagte ihm, es wäre sehr unhöflich, eine Dame nach ihrem Alter zu fragen, aber da meinte er bloß, ›Oh, sie ist sehr jung, und es wird ihr nichts ausmachen.‹

Bruno sagt, er möchte, daß Sie uns besuchen und unseren Garten anschauen, weil er *jetzt* soviel schöner ist. Er hat ein Bäumchen hineingesetzt – Sie können sich nicht vorstellen, wie schön er aussieht.

Alles Liebe von Bruno. Von Mr. Lewis Carroll sollte ich auch ›Alles Liebe‹ schreiben, aber ich sagte ihm, das schicke sich nicht und er könne ›beste Grüße‹ sagen, wenn er wolle, aber er meinte bloß, ›Dann sag ich gar nichts‹, und ging fort. War der beleidigt?

               Herzlichst Ihre kleine Feenfreundin
                                 Sylvie.

An Agnes (Dolly) Argles

Ch. Ch. 11. Dez. '68

Meine liebe Dolly,

...Ich möchte Deinem Papa ein kleines Geschenk zu Weihnachten schicken, von dem ich wohl sagen darf, daß auch Du es Dir gern einmal anschaust: es besteht aus ein paar dünnen Scheiben getrockneter Pflanzen, die jemand so zu präparieren verstanden hat, daß das Ganze nicht leicht auseinanderfällt. Die Scheiben haben musterartige Markierungen, die mit irgendeinem chemischen Zeugs aufgetragen sind. Sie sind zwischen Pappendeckeln befestigt, damit sie sich halten. Ich glaube nicht, daß die Sache *als solche* eine neue Erfindung ist, aber die Markierungen sind brandneu: ich habe sie nämlich selbst entworfen...*

    Ohne mehr für heute
           von Deinem Dich liebenden Freund
                         C. L. Dodgson.

---

* Das Geschenk war ein Exemplar der *Phantasmagoria*; die ›dünnen Scheiben‹ bedeuten die Buchseiten, die ›Markierungen‹ den Druck.

An Agnes (Dolly) Argles

> The Chestnuts,
> Guildford.
> 3. Jan. 1869

Meine liebe Dolly,

... Ob ich bis Dienstag bleiben kann? Nun, länger als drei Tage am Stück kann ich für meine gute Laune nicht garantieren, und Montag morgen wird sie wahrscheinlich schon so schlecht sein, daß Du heilfroh sein wirst, wenn Du mich los bist – und das kleine Mädchen von 9 interessiert mich überhaupt nicht. Ein kleines Mädchen pro Haus genügt mir, und sie braucht nicht akkurat 9 zu sein, und *sehr* klein auch nicht. Nur in einer Sache bin ich wirklich pingelig – nämlich ihr Name *muß* mit einem D anfangen.

Du sagst, Du hoffst mich bald zu sehen. Das hängt ganz von Dir ab: falls Du nämlich, wenn ich komme, stur in die andere Richtung schaust und nie Deinen Kopf umdrehst, wird es wahrscheinlich sehr lange dauern, bevor Du ihn siehst,

> Deinen Dich liebenden Freund
> C. L. Dodgson.

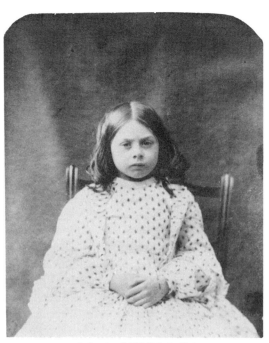

6. *Lorina Liddell (1856/7)*

An Mary MacDonald
>   Ch. Ch. 26. Jan. 1869

Meine liebe Mary,
Lernst Du zufällig deutsch – oder wirst Du es lernen? Wenn ja, laß es mich wissen, und Du sollst die ›Alice‹ in dieser abstrusen Sprache bekommen.*

Freundliche Grüße an Deine Eltern und alles Liebe allen, die sich dafür interessieren.
>   Dein Dich liebender
>   C. L. Dodgson

An Mary MacDonald
>   Christ Church,
>   13. März 1869

Na, Du bist ja wahrhaftig eine kühle junge Dame! Nachdem Du mich diese ganzen Monate auf eine Antwort hast warten lassen, schreibst Du seelenruhig über ein anderes Thema, als ob nichts passiert wäre! Ich schrieb, oder habe geschrieben – (beachte, Madam, daß ich's in der Vergangenheit oder vollendeten Gegenwart hersetze: es ist nicht wahrscheinlich, daß ich je wieder davon schreiben *werde*) – zuletzt am 26. Januar und habe Dir ein Exemplar der deutschen Ausgabe der ›Alice‹ angeboten. Nun, die Tage vergingen – und die Nächte auch (soweit ich mich erinnern kann, eine jeweils zwischen zwei Tagen oder so etwa), und <u>keine Antwort</u> kam. Und die Wochen vergingen, und die Monate auch, und ich wurde älter, und

---

* Die erste deutsche Übersetzung von Antonie Zimmermann erschien 1869.

dünner, und trauriger, und immer noch kam keine Antwort. Und dann sagten meine Freunde – wie weiß mein Haar würde und daß ich nur noch aus Haut und Knochen bestünde – und andere Freundlichkeiten – und – aber ich will nicht fortfahren, es ist zu traurig zu erzählen, außer daß während all dieser Jahre und Jahre des Wartens und der Angst (der Jahre, die alle seit dem 26. Januar verflossen sind – wir leben nämlich in Oxford so schnell, siehst Du) immer noch keine Antwort von dieser granitherzigen jungen Person gekommen ist! Und dann schreibt sie ganz harmlos und sagt, »Oh, Du mußt kommen und Dir das Rennen ansehen!« Und ich antworte stöhnend, »Ich *sehe* das Rennen – das menschliche Rennen und Hasten –, es ist ein Rennen ohne Sinn und Verstand und *voller Undankbarkeit* – und von allen denen, die da rennen, ist keiner mehr undankbarer, mehr schlimmer – mehr – « –, meine Feder sträubt sich, und ich kann nichts weiter sagen!

P. S. – Leider werde ich nicht in der Stadt sein – sonst wäre ich gern gekommen, wenn auch nur, um Gelegenheit zu haben, zu sagen »Ausgeburt der Undankbarkeit! Hinweg!«

An Mary MacDonald

Christ Church
Oxford
23. Ap. 1869

Meine liebe Mary,
Ich habe das Schreiben von Tag zu Tag aufgeschoben, in der Hoffnung, einmal richtige Muße dazu zu haben, aber es scheint zwecklos zu sein, darauf zu warten, und so schicke ich heute abend wenigstens diese Zeilen. Es war sehr grausam von mir, Dir einen so grimmigen Brief zu schreiben und hinterher von Deinen Briefen überhaupt keine Notiz zu nehmen – nun ja, irgendein Buch habe ich wohl geschickt (in irgendeiner fremden Sprache, glaube ich), aber ein Buch zählt natürlich nicht wie ein Brief. Ich darf aber doch wohl vermuten, daß Dich meine Grimmigkeit nicht allzusehr gepiesackt hat.

Ich wünschte, ich hätte die Zeit, zu kommen und Euch alle wiederzusehen – aber irgendwie ist jetzt keine Zeit zu kriegen, nicht für Geld und nicht für gute Worte. Ich sehe nicht, wie ich vor Juni nach London kommen kann – und bis dahin seid Ihr vielleicht alle schon auf dem Land.

Sag Lily, daß ich das mit Mrs. Lewis nicht vergessen habe, und wenn ich in die Stadt komme – (Aber sag ihr, sie soll's nicht wiederholen, weil das Unglück bringen könnte.) Ihr alles Liebe und Euch anderen auch (oder wenigstens denen von Euch, die es annehmen wollen) von

                Deinem Dich liebenden
                    C. L. D.

7. Mary Millais

An Ina Watson

The Chestnuts, Guildford
[nach dem 5. Oktober 1869]

Meine liebe Ina,
Obwohl ich keine Geburtstags*geschenke* mache, schreibe ich doch gelegentlich einen Geburtstags*brief.* Ich kam an Deine Tür, um Dir alles Gute zu wünschen, aber da bin ich der Katze begegnet und die hielt mich für eine Maus und jagte mich hin und her, bis ich kaum mehr stehen konnte. Irgendwie bin ich aber dann doch ins Haus gekommen, und dort ist mir eine Maus begegnet, und die hielt mich für eine Katze und bewarf mich mit Feuereisen, Geschirr und Flaschen. Natürlich bin ich wieder auf die Straße gelaufen, und da bin ich einem Pferd begegnet, das hielt mich für einen Wagen und zog mich den ganzen Weg zum Bahnhof, und das schlimmste von allem war, daß ich dann einem Wagen begegnet bin, der mich für ein Pferd hielt. Ich wurde angeschirrt und mußte ihn Meilen und Meilen ziehen, den ganzen Weg nach Merrow. So siehst Du also, daß ich nicht ins Zimmer vordringen konnte, wo Du warst.

Ich war allerdings froh zu hören, daß Du fleißig beschäftigt warst, als Geburtstagsunterhaltung das Einmaleins zu lernen. Ich hatte gerade Zeit, in die Küche hineinzugucken, und sah, wie Dein Geburtstagsschmaus fertiggemacht wurde, eine hübsche Schüssel mit Brotkrusten und Knochen, Pillen, Baumwollspulen und Rhabarber und Magnesia. »Na«, dachte ich, »da wird sie sich freuen!« und mit lächelndem Gesicht ging ich meines Wegs. Herzlich Dein Freund
C. L. D.

The 🥔🥔🥔🥔🥔

My 🦌 Ina,

Though 👁 don't give birthday <u>presents</u>, still 👁
... write a birthday ✉. [April]
🐂 came 2 your 🚪 2 [June]
wish U many happy returns
of the day, 🛢 the 🦊 met
me, 👉 took me for a 🐁,
🍐 🖐 hunted me 👉 and 👉
till 🐾 could hardly 🏠
However <u>somehow</u> 👁 got
into the 🏠, 👉 there
a 🐱 met me, 👉 took me
for 🪨 a 🐿, and pelted me

with [carrot, spade, flute] , [hat, bell, jug] , [hands/gloves] . Of course [eye] ran into the street again, [hand] a [fox] met me [hand] took me for a [cart] , [hand] dragged me all the way 2 the [house] [basket] the worst of all was when a [cart] met me [hand] took me for a [horse] . I was harnessed 2 it, [hand] had 2 draw it miles and miles, all the way 2 Merrow. So U C I couldn't get 2 the room where U were.

However I was glad to

hear U were hard at work learning the [multiplication table] for a birthday treat.

I had just time 2 look into the kitchen, and your birthday feast getting ready, a nice [dish] of crusts, bones, pills, cotton-bobbins, and rhabarb and magnesia — "Now," I thought, "she will be happy!" and with a [smile] I went on my way —

Your aff.te friend
CLD

An Edith Jebb

18. Januar 1870

Meine liebe Edith,
Hast Du zufällig den komisch aussehenden Herrn gesehen, der mit mir im Zugabteil war, als ich von Doncaster abfuhr? Ich meine den, der so  eine Nase hatte (ich weiß nicht, wie man solche Nasen nennt) und solche Augen

Er guckte mit einem Auge aus dem Fenster, als ich mich gerade hinauslehnte, um Dir ›Auf Wiedersehn‹ ins Ohr zu flüstern (nur hatte ich vergessen, wo Dein Ohr genau saß, und irgendwie fand ich es direkt über Deinem Kinn), und als sich der Zug in Bewegung setzte, sagte er, »sie scheint S. T. zu sein. G. rund?« Natürlich wußte ich, daß er »Sehr Traurig. Grund?« meinte. Also sagte ich, »Sie war traurig, weil ich gesagt hatte, ich wolle wiederkommen«. Er rieb sich ungefähr eine halbe Stunde lang die Hände und grinste von Ohr zu Ohr (– ich meine nicht, von einem Ohr zum andern, sondern von einem Ohr um den Kopf herum zum selben Ohr), und schließlich sagte er »S. S. S. S.« Ich dachte erst, er würde zischeln wie eine Schlange, nahm also keine Notiz – doch schließlich kam es mir in den Sinn, daß er »Sie scheint sehr schlau« meinte: Also lächelte ich und erwiderte S S S (ich meinte natürlich »Sie sagen's, Sir«), aber er verstand mich nicht und sagte ziemlich ärgerlich, »Fauchen Sie mich nicht so an! Sind Sie eine Katze oder eine Dampfmaschine? S. S.«

Ich merkte, daß dies »Still, Simpel!« heißen sollte, und erwiderte »S«, womit ich, das rätst Du sofort, »Sicher« sagen wollte. Alles, was er danach sagte, war, »Ihr Kopf ist... elle est R.«, und da ich nicht verstehen konnte, was er meinte, habe ich nichts gesagt. Aber ich dachte, ich sollte Dir das alles lieber gleich schreiben, damit Du's der Polizei sagen kannst, oder irgend etwas tust, was Deiner Meinung nach getan werden müßte. Sein Name war glaube ich »HTIDE BBEJ«. (Ist das nicht ein komischer Name?)

Herzlichst Dein
Lewis Carroll.

An Edith Jebb

Ch. Ch. Oxford
1. Februar 1870

Mein liebes armes Kind mit Deinem zerbrochenen Kopf,
so einen schweren Brief werde ich Dir nicht noch einmal schreiben. Aber kannst Du wirklich nicht erraten, was der Herr meinte, als er sagte, »Ihr Kopf ist ... elle est R?« Stell Dir mal vor, ich würde zu Dir sagen, »Edith, mein Liebchen, meine Tasse ist ... elle est R – wärst Du so lieb, sie mit T zu füllen?« Würdest Du nicht verstehen, was ich gemeint habe? Lies und versuch's noch mal.

Was ich noch sagen wollte: bitte glaube nicht, daß ich von Dir lange Briefe als Antwort auf meine Briefe erwarte. Es macht mir Spaß, Dir Briefe zu schreiben, aber es macht mir gar keinen Spaß, mir vorzustellen, daß es Dich soviel Mühe kostet, sie zu beantworten. Das nächstemal, wenn Du Zeit hast und gern einen Brief hättest, sag's mir nur – und ich bin's ganz zufrieden, wenn Deine Antwort nichts ist als das:

> Mein lieber Mr. Dodgson,
>   ich verbleibe
>   mit herzl. Gr.
>   Ihre Edith.

Selbst diese kurze Nachricht würde mir etwas sagen, siehst Du. Ich wüßte dann nämlich, daß Du »mit herzlichen Grüßen verbleibst«, was doch gut zu wissen ist, da Du natürlich genausogut hättest schreiben können
    »unfreundlichst Ihre«.

Wenn Du das nächstemal das kleine Mädchen siehst, das beim Tee neben Dir saß, frag sie mal, in meinem Namen, ob sie immer noch so unausstehlich ist. Das wüßte ich gerne. Mit herzl. Gr. stets Dein

C. L. Dodgson

Welche Namen hast Du noch außer ›Edith‹? Sag sie mir, und ich mache Dir ein ›Monogramm‹ (wie), so daß Du alle Anfangsbuchstaben in einem Zug schreiben kannst.

An Lily MacDonald

The Chestnuts
Guildford
3. Ap. 1870

Meine liebe Lily,
Da Ihr alle inzwischen so alt geworden seid, daß ich Euch nicht mehr mag, fällt mir ein Problem ein: *kann* man aufhören, jemanden zu mögen, bevor man damit überhaupt angefangen hat? Da hast Du mal ein hübsches, artiges, höfliches Kompliment! N. B. Ich habe in letzter Zeit Benimm-Stunden genommen. Zwar glaube ich nicht, daß der Mann ein wirklich guter Lehrer ist – seine eigenen Manieren sind sogar *sehr* schlecht –, aber die Stunden sind so billig (nur 6 Pennies die Stunde), daß ich versucht war, es auszuprobieren.

Vielen Dank, in meinem Namen und dem aller meiner

Schwestern hier, für Eure Einladung zur Regatta. Ich glaube nicht, daß wir *des*wegen hinüberkommen, aber ich hoffe wirklich, daß ich bald einmal eine Gelegenheit finde, hineinzuschauen und auch 1 oder 2 Schwestern mitbringen kann. Seit langem bin ich so gut wie gar nicht in London gewesen. Das letztemal war vor 3 Wochen (außer daß ich neulich durchgefahren bin), und das war eine Mischung aus Geschäft und Vergnügen – zunächst hatte ich ein langes Gespräch mit meinem Zeichner, Mr. Tenniel, das war geschäftlich – und dann ging ich zum Essen zu Freunden mit dem Namen Lewis – vielleicht hast Du von denen schon mal gehört? Es sind offenbar sehr nette Leute. Ich fuhr Samstag nachmittag hin und fuhr Sonntag nachmittag schon wieder zurück nach Ch. Ch. Sie haben zwei Kinder, Kate und Janet*, die eine 2 Jahre alt, die andere ein paar Monate. Ich kann nicht sagen, daß sie große Ausbünde an Schönheit sind – *bis jetzt*: die bleibt ganz der Zukunft vorbehalten.

Meine besten Grüße an Mr. und Mrs. MacDonald, und den anderen die Überbleibsel von dem, was einst eine Art Gruß war, aber längst, längst dahingeschwunden ist!

Herzlichst Dein Onkel (übrigens bin ich jetzt ein *wirklicher* Onkel – also brauchst Du Dich nicht länger vor mir zu zieren!)

C. L. Dodgson.

---

* Töchter von Kate Terry, verheiratete Lewis, der Schauspielerin.

An Mary Marshal
Ch. Ch. Oxford.
19. April 1870

Mein liebes Kind,
Ich habe Deinen Brief und das Buchzeichen heute morgen Mr. Lewis Carroll gegeben. Er dankt Dir für das Buchzeichen, wollte es aber gar nicht annehmen. ›Das Buch sollte ein *Geschenk* sein‹, sagte er: ›Ich will doch nichts dafür haben!‹ Ich habe ihn aber doch überredet, es schließlich zu nehmen. Als er Deinen Brief sah, sagte er, Du wärst zu alt für das Buch, und ich müßte mich in Deinem Alter geirrt haben: er halte Dich für *dreißig*, nicht *dreizehn*. ›Kein Kind von dreizehn hat eine solche Handschrift!‹ rief er. Ich sagte ihm aber, Du wärst ganz bestimmt ein Kind und hättest eine sehr gute Schule auf dem Meeresgrund besucht.

Er schreibt ein neues Buch über Alice, in dem er erzählt, wie sie durch den Spiegel in das wundervolle Haus geht, das Du im großen Wandspiegel über dem Kaminsims siehst – aber ich weiß nicht, wann es fertig sein wird.

Er läßt Dich freundlich grüßen, und ich lasse Deinen Großpapa und die Großmama grüßen. Ich bin froh, daß Du am Mittwoch gut nach Hause gekommen bist. Mr. Carroll sagt, ich hätte Dich ans Ende Deiner Reise geleiten müssen, und *er* hätte sich besser benommen, wäre er an meiner Stelle gewesen!

Viele Grüße
Dein C. L. Dodgson.

8. *Lorina und Alice Liddell*

An Lily MacDonald

Ch. Ch.
12. Mai 1870

Meine liebe Lily,
Ich fürchte fast, daß mein Brief an Deinen Vater verstanden worden ist, als hätte ich sagen wollen, ›Bringen Sie bitteschön nicht mehr als eine Tochter mit.‹ Darum also erkläre ich hier feierlich: je mehr er mitbringt, desto willkommener soll er sein –. Sogar so einem Kleinchen wie Mary* werden doch ein *paar* Sachen hier in Oxford Spaß machen – wie zum Beispiel der Spielzeugladen und das Süßwarengeschäft.

Sag mir, wenn Du das nächstemal zu einem Gartenfest in die Moray Lodge** gehst, und ich will versuchen, auch hinzukommen.

Herzl. Dein Onkel
C. L. Dodgson.

An Lily MacDonald

Ch. Ch. 23. Dez. 1870

Warum können einem die Menschen denn nicht auf einmal alle nötigen Auskünfte geben, statt daß sie einem die Mühe machen, einen Brief nach dem anderen zu schreiben!

(Obiges ist ›beiseite gesprochen‹, wie auf der Bühne).

---

* Mary war fast siebzehn Jahre alt.
** Der Name des Hauses von Kate Terry (Mrs. Arthur Lewis) in Campden Hill.

Meine liebe Lily,

Du hast unglücklicherweise mir mitzuteilen vergessen, welche Photographien die jüngsten vier sich ausgesucht haben. Ferner muß ich, bevor ich etwas schicken kann, in jedem Fall wissen, ob ›Album-‹ oder ›Postkartenformat‹ gewünscht ist und ob ›normal‹ oder ›vignettiert‹.

. . . .

Es gibt also 33 noch zu klärende Punkte – für jede Auskunft darüber wird Dir Dein Dich liebender endesunterfertigter Freund höchlichst verbunden sein. Wir *hoffen*, daß ›Hinter den Spiegeln‹ Ostern erscheinen kann – aber ich bin nicht sehr zuversichtlich.*

Morgen fahre ich von hier nach den Chestnuts, Guildford, bis zum 15. Januar etwa. Alles Liebe an alle. Herzl.
Dein   C. L. Dodgson.

An Agnes Hughes
                                                    [1871?]
Meine liebe Agnes,
Du faules Ding! Was? Ich soll die Küsse selber teilen, ist es das, was Du meinst? Nein! So was werde ich bestimmt nicht tun! Aber ich sag Dir, wie Du's anstellen mußt. Zuerst mußt Du *vier* Küsse nehmen, und – und das bringt mich auf etwas sehr Merkwürdiges, das mir gestern um halb vier passiert ist. Drei Besucher pochten an meine Tür und wollten hereingelassen werden. Und als ich die Tür öffnete, wer, glaubst Du, waren sie? Du

---

* *Hinter den Spiegeln (Through the Looking Glass)* erschien 1871 im Dezember, trug aber im Impressum als Erscheinungsjahr 1872.

9. Alice und Lorina Liddell

kommst nie drauf. Kurz und gut, es waren drei Katzen! War das nicht merkwürdig? Jedenfalls, sie sahen so verdrossen und beleidigt aus, daß ich das erste Ding griff, das mir in die Hände kam (zufällig war es ein Wellgerholz) und sie alle so flach wie Pfannkuchen schlug! »Wenn *Ihr* kommt und an *meine* Tür pocht«, sagte ich, »dann komme *ich* und poche *Euch* auf den Kopf.« Das war doch gerecht?

Herzlichst Dein Lewis Carroll.

An Agnes Hughes

[1871?]

Meine liebe Agnes,
Von den Katzen, weißt Du. Natürlich ließ ich sie nicht einfach platt auf dem Boden liegen wie gepreßte Blumen: nein, ich hob sie auf und war so freundlich zu ihnen, wie ich nur sein konnte. Ich habe ihnen mein Portefeuille als

Bett ausgeliehen – in einem normalen Bett hätten sie sich doch nicht wohl gefühlt, weißt Du: sie waren zu dünn – aber sie waren *sehr* zufrieden zwischen den Löschblättern – und jede von ihnen bekam einen Federwisch als Kissen. Nun, dann ging ich ins Bett: aber zuerst gab ich ihnen noch drei Tischglocken, damit sie läuten könnten, falls sie während der Nacht etwas brauchten.

Du weißt doch, daß ich *drei* Tischglocken habe – die erste (die größte) wird geläutet, wenn das Essen *fast* fertig ist; die zweite (die ziemlich viel größer ist) wird geläutet, wenn es so gut wie fertig ist; und die dritte (die so groß ist wie die andern beiden zusammen) wird die ganze Zeit geläutet, während ich esse. Kurz, ich habe ihnen gesagt, daß sie klingeln sollten, wenn sie plötzlich etwas brauchten – und da sie alle Glocken die ganze Nacht lang läuteten, wollten sie vermutlich dies oder das, nur war ich leider zu müde, um ihnen aufwarten zu können.

Am Morgen gab ich ihnen Rattenschwanzgelee und Buttermäuse zum Frühstück, und sie waren so mißmutig, wie es nur ging. Sie wollten gekochten Pelikan, aber ich wußte natürlich, daß das nicht gut für sie wäre. So sagte ich bloß, »Geht in die Finborough-Straße zwei und fragt nach Agnes Hughes, und wenn's *wirklich* gut für Euch ist, wird sie's Euch geben.« Dann schüttelte ich ihnen die Hand, sagte ihnen Lebewohl und jagte sie den Kamin hoch. Es schien ihnen leid zu tun, daß sie gehen sollten, und sie nahmen die Glocken und das Portefeuille mit fort. Das habe ich erst bemerkt, als sie schon weg waren, und da tat es auch mir leid, und ich wünschte, sie wären wieder da. Was meine ich mit ›sie‹? Ist egal.

Wie geht's Arthur, Amy und Emily? Laufen sie immer

noch auf der Finborough-Straße herum und bringen den Katzen bei, wie man freundlich zu Mäusen ist? Ich habe alle Katzen in der Finborough-Straße *sehr* gern.

Grüße sie herzlich.

Wen meine ich mit ›sie‹?

Ist egal.   Herzlichst Dein Freund
                                          Lewis Carroll

An Amy Hughes

[1871?]

Meine liebe Amy,

[...]

Du hast mich nach den drei Katzen gefragt. Ach! Die lieben Tierchen! Weißt Du, daß sie mich *nie mehr verlassen haben* seit der Nacht, als sie an meine Tür pochten? Ist das nicht freundlich von ihnen? Erzähl das der Agnes. Sie wird das interessieren. Und die Tierchen sind so freundlich und hilfsbereit! Weißt Du, als ich neulich spazierengegangen war, holten sie mir *alle* Bücher aus dem Schrank und schlugen sie auf dem Boden auf, damit ich gleich in ihnen lesen könnte. Sie schlugen sie alle auf Seite 50 auf, weil sie dachten, das wäre eine hübsche und nützliche Seite, bei der man gut anfangen könnte. Trotzdem passierte ein Malheur: denn sie nahmen mein Leimfaß und wollten Bilder an die Decke leimen (sie glaubten, das würde mir Spaß machen), und zufällig schütteten sie den ganzen Leim über die Bücher. Als ich sie also schloß und fortstellte, klebten alle Seiten zusammen, und mein Lebtag kann ich in keinem Buch mehr die Seite 50 lesen!

Trotzdem meinten sie es ja gut, und also war ich nicht

böse. Ich gab jedem Kätzchen einen Löffel Tinte als Medizin; aber das behagte ihnen gar nicht, und sie schnitten gräßliche Gesichter. Aber, natürlich, weil's ihnen als Medizin verordnet war, mußten sie's ja schlucken. Eine von ihnen ist seitdem schwarz geworden: früher einmal war sie weiß.

Sag allen Kindern, die Du triffst, meine herzlichen Grüße. Außerdem sende ich zweieinhalb Küsse, in die Du Dich mit Agnes, Emily und Godfrey teilen mußt. Paß aber auf, daß Du gerecht teilst.

Herzlichst Dein
C. L. Dodgson

An Mary MacDonald

Ch. Ch. 11. Mai 72

Meine liebe Mary,
Ich hätte Deinen Brief vor langer langer Zeit beantworten sollen. Ich hoffe, daß dieser Brief Dir nachgeschickt wird, da Du wohl jetzt in Liverpool bist: aber die genaue Adresse gibst Du nicht an, und ich habe den Verdacht, ›Miss M. MacDonald, Liverpool‹ könnte Dich *vielleicht* nicht erreichen, weil die Stadt ja nicht ganz winzig sein soll.

Bitte sage Deinem Papa und Deiner Mama, daß ich bis etwa Mitte Juni hier sein werde (wahrscheinlich sogar bis Juli) und *sehr* froh wäre, sie zu sehen, falls sie kommen könnten. Solltest Du mit ihnen kommen – nun ja – ahem! *Ich muß eben versuchen, mich so gut damit abzufinden, wie ich kann:* aber ich muß gestehen, es wäre eine *ziemliche* Zumutung! (Das im Vertrauen.)

......
Ich freue mich, daß Du als Schauspielerin in Hastings Erfolg gehabt hast. Hast Du was von meinen Freunden, den Watsons, gesehen? Mrs. Watson ist reizend und die Mädchen gleichfalls, besonders Mary – was recht merkwürdig ist, denn man stellt ja immer wieder fest, daß Mädchen dieses Namens ziemlich – oh, ich bitte um Verzeihung, wechseln wir lieber das Thema. Mein Photographie-Studio oben über meinen Zimmern ist jetzt fertig, und ich mache fast jeden Tag Bilder. Wenn Du kommst, bring Dein schönstes Theaterkostüm mit, und ich mache Dir ein fabelhaftes Bild.

Alles Liebe für Lily. (Die *korrekte* Formel ist ›Beste Grüße an Miß MacDonald‹) – (Moral) ›Jedem wackern Briten geziemen gute Sitten‹ –

Dein Dich liebender
C. L. Dodgson.

An Mary MacDonald
                              Ch. Ch. 6. Febr. 73
Meine liebe Mary,
......
   Alles Liebe an Lily, und die herzlichsten Glückwünsche zu ihrem 21. Geburtstag – ein *sehr* jugendliches Alter, wenn Du *mich* fragst. Na, letztes Jahr bin ich doppelt so alt wie sie gewesen! Und es *gab* eine Zeit, da war ich dreimal so alt wie sie, aber wann das war, sollst Du selber herausfinden. Das ist ein hübsches arithmetisches Rätsel für Leute, die an so was Spaß haben.
              Alles Liebe Euch allen,
                    Dein Dich liebender
                         C. L. Dodgson.

An Helen Feilden
                              Ch. Ch., Oxford
                              15. März 1873
Meine liebe Helen,
Deine Mama hat mir Dein einsames Leben in Torquay so traurig beschrieben (falls es einsam *ist*: das Wort hat sie, glaube ich, nicht gebraucht – aber so einen Eindruck habe ich trotzdem bekommen) und hinzugefügt, Du würdest gern dort Briefe bekommen, um Dich ein *wenig* über das Elend des Daseins hinwegzutrösten (na ja, sie hat nicht gerade ›Elend des Daseins‹ gesagt, aber sie muß es wohl gemeint haben), so daß ich sagte, ich wollte versuchen, Dir einen Brief zu schreiben – das war sehr klug von mir, denn ich habe noch nie in meinem Leben einen Brief *schreiben können* (meine Briefe hören immer am Fuß der

ersten Seite auf), aber *versuchen* kann ja jeder. Das ist mein erster Versuch, in Deinem Fall; aber ich fürchte, daß er mißlingt – denn worüber sollte ich schreiben? Von Oxford weißt Du ja leider nicht viel, deshalb würde es Dich auch nicht interessieren, zu hören, was hier passiert – und es ist nur gut, daß es Dich nicht interessiert, denn hier passiert, glaube ich, nie *irgend* etwas! Es gibt keinen zweiten Ort, wo soviel nicht-passiert. Und *ich* weiß von Torquay nicht viel – obwohl ich gern wüßte, wie Dein Leben dort so ist. Wenn Du ein bißchen Zeit zum Schreiben hast, sag mir, was für eine Art Leben es ist. Ich war vor zwei Jahren in der Nähe von Torquay, in Babbacombe (oder Mary Church: ich bin nicht sicher, welches es war – vielleicht ist es ein und derselbe Ort) – jedenfalls war ich im Hause von Mr. Argles, an der reizendsten Bucht, die Du Dir vorstellen kannst, mit sehr steilen Felsklippen – ob Du je dort gewesen bist? Wir sind manchmal nach Torquay spaziert. Es kann kaum mehr als zwei Meilen von Dir weg sein. Sehr wahrscheinlich fahre ich im kommenden Juli oder August wieder hin – aber dann werde ich Dich wohl nicht mehr dort antreffen, oder? Aber ich komme vom Thema ab. Ich bin sehr froh, daß Dir der Band *Phantasmagoria* gefällt, und ein Grund, weshalb ich schreibe, ist, um Dich zu fragen, ob Du mein kleines Feen-Märchen ›Brunos Rache‹ schon gelesen hast, das in *Aunt Judy's Magazine* vor ein paar Jahren erschienen ist. Wenn nicht, und wenn Du es gerne lesen möchtest (obwohl es eine ziemliche Baby-Geschichte ist), leihe ich Dir ein Exemplar; leider habe ich im Augenblick keins mehr zum Verschenken.

Feen interessieren mich im allgemeinen nicht sehr: und

dies ist das einzige Mal, daß ich über sie zu schreiben versucht habe: und schließlich sind aus ihnen viel eher Kinder als Feen geworden!

Ich weiß nicht, ob Du gern Rätsel knackst, oder nicht. Wenn ja, versuch's mit diesem. Wenn nicht, vergiß es. Ein Herr (sagen wir ein Edelmann, dann klingt es imposanter) hatte ein Wohnzimmer mit nur einem einzigen Fenster – ein quadratisches Fenster, 3 Fuß hoch und 3 Fuß breit. Nun hatte er aber schwache Augen, und das Fenster spendete zu viel Licht, *also* (magst Du das *also* in einer Geschichte?) schickte er nach dem Baumeister und hieß ihn es ändern, und zwar so, daß es nur noch die Hälfte Licht spendete. Aber – ein Quadrat sollte es bleiben – 3 Fuß hoch sollte es bleiben – und 3 Fuß breit sollte es auch bleiben. Wie machte er's? Denk daran, daß es ihm nicht erlaubt war, Vorhänge oder Rolläden oder buntes Glas oder irgend etwas von der Art zu gebrauchen.* Ich muß Dir noch die schreckliche Geschichte erzählen, wie ich neulich versucht habe, einem kleinen Mädchen ein Rätsel aufzugeben. Es war bei einer Abendessensgesellschaft, beim Dessert. Ich hatte sie noch nie gesehen, aber da sie neben mir saß, schlug ich ihr unklugerweise vor, doch einmal das Rätsel (Du kennst es wohl) vom Fuchs, der Gans und dem Kornsack zu lösen. Und ich nahm ein paar Kekse, die den Fuchs und die anderen Sachen vorstellen sollten. Ihre Mutter saß an der anderen Seite und sagte, ›Jetzt nimm Dich aber auch zusammen, Liebchen, und mach es richtig!‹ Die Folgen waren schrecklich! Sie *kreischte* auf, ›Ich kann's nicht! Ich kann's nicht! Oh

---

* Die Antwort ist: ◆

Mama! Mama!‹, warf sich ihrer Mutter in den Schoß, und ein Weinkrampf überkam sie, der mehrere Minuten lang andauerte! Das war für mich eine Lektion über den Versuch, Kindern Rätsel aufzugeben. Ich hoffe nur, daß das quadratische Fenster keine so gräßliche Wirkung auf *Dich* haben wird!

>   Ich bin
>   herzlichst Dein Freund
>   C. L. Dodgson.

An Ella Monier-Williams

Samstag (November 1873)

Meine liebe Ella,
Ich schicke Dir Band II meines Tagebuchs und bin Dir sehr dankbar, daß Du mir Deines ausgeliehen hast. Bis jetzt bin ich auf sehr wenig gestoßen, das Du vor den Augen der Öffentlichkeit zu verbergen Grund hättest. Denn ich betrachte Sätze wie: »10. Juli. – Den ganzen Abend über zänkisch und ging schmollend zu Bett«, und wieder: »14. Juli. – Kaufte einen neuen Parasol und setzte mich hinaus auf den Balkon, um bewundert zu werden. Ein kleines Mädchen, das vorbeiging, sagte zu mir, ich

sähe aufgeplustert aus ›wie ein Pfau im Sonntagsstaat‹. Ich wollte den Parasol auf ihrem Kopf zerbrechen, reichte aber nicht bis hinunter«, als vollkommen natürlich und kindhaft.

Vermutlich ist die folgende Stelle schuld daran, daß Du anfangs gezögert hast, mir das Buch zu borgen: »21. Juli. – Beim Frühstück hatte Mama etwas dagegen einzuwenden, daß ich mir mehr Marmelade nahm; sie sagte, ich hätte mir bereits dreimal ›mehr als genug‹ genommen. Ich war so erzürnt, daß ich das Tischtuch ergriff und alle Teller und Tassen und Kannen und Schüsseln auf den Boden schleuderte. Natürlich ging einiges entzwei. *Meine* Schuld war es nicht. Wie ich Mama sagte, meine Natur ist so lauter wie Gold, falls man mich nicht reizt. Und dann bin ich ein bißchen komisch manchmal –« Aber selbst *dies* ist ein kleiner Zwischenfall, der *jedem* passieren kann. Ich denke darum nicht schlechter von Dir (denn das wäre unmöglich).

Herzlich Dein Freund
C. L. Dodgson.

An Beatrice Hatch
13. November 1875

Meine liebe Birdie,
Ich habe sie gerade vor Tom Gate getroffen, sie ging stocksteif, und ich glaube, sie wollte sich den Weg zu meinen Zimmern suchen. Also habe ich gesagt: »Warum bist Du ohne Birdie hergekommen?« Darauf sagte sie: »Birdie ist fort! und Emily ist fort! und Mabel ist nicht nett zu mir!« Und zwei kleine Tränen aus Wachs rollten ihr über die Wangen.

Na, wie dumm von mir! Ich habe Dir ja gar nicht gesagt, von wem ich die ganze Zeit gesprochen habe! Es war Deine neue Puppe. Ich war sehr froh, sie zu sehen, und ich nahm sie in mein Zimmer mit und gab ihr Streichhölzer zu essen und eine Tasse schönes geschmolzenes Wachs zu trinken, denn das arme kleine Ding hatte *großen* Hunger und Durst nach dem langen Weg. Darum sagte ich: »Komm und setz dich ans Feuer, da wollen wir uns gemütlich unterhalten.« »Oh nein! *nein*!« rief sie, »das will ich *lieber* nicht. Wissen Sie, ich schmelze so *sehr* leicht!« Und ich mußte sie in die äußerste Ecke des Zimmers vom Feuer wegbringen, wo es *sehr* kalt war: und dann saß sie auf meinem Knie und fächelte sich mit einem Federwisch, denn sie sagte, sie hätte Angst, daß ihre Nasenspitze anfangen könnte zu schmelzen.

»Sie haben keine *Idee*, wie vorsichtig wir sein müssen, wir Puppen«, sagte sie. »Na, ich hatte eine Schwester – ob Sie's glauben oder nicht –, sie ging ans Feuer, um sich die Hände zu wärmen, und die eine Hand fiel *einfach* ab! Da haben Sie's«.

»Natürlich ist die *einfach* abgefallen«, sagte ich. »Und

woher wissen Sie, Mister Carroll, daß sie *einfach* abgefallen ist?« fragte die Puppe.

»Sie muß *einfach* abgefallen sein, und nicht *zweifach*, denn die andere Hand war doch wohl noch da.«

Die Puppe sagte, »Ich kann nicht lachen. Es ist ein sehr trauriger Witz. Selbst eine gewöhnliche Holzpuppe könnte einen besseren Witz machen. Und außerdem hat man mir den Mund so steif und hart gemacht, daß ich nicht lachen *kann*, wenn ich es auch noch so sehr versuche.«

»Sei nicht bös darüber«, sagte ich, »sondern sag mir folgendes: ich will Birdie und den andern Kindern je eine Photographie schenken, und zwar die, die sie am liebsten haben möchten; welche, glaubst Du, würde Birdie sich aussuchen?« »Ich weiß es nicht«, sagte die Puppe, »da müssen Sie sie schon lieber selbst fragen!«

Also brachte ich sie in einer zweirädrigen Kutsche nach Haus. Welche würde Dir denn gefallen, was meinst Du? Arthur als Cupido? oder Arthur und Wilfrid gemeinsam? oder Du und Ethel als Bettelkinder? oder Ethel, die auf einem Kasten steht? oder eine von Dir?

Herzlichst Dein Freund
Lewis Carroll.

An Ella Monier-Williams

17. November [1873]

Meine liebe Ella,

Ich schicke Dir Dein Buch mit vielem Dank zurück. Du wirst wissen wollen, warum ich es so lange behalten habe. Dem, was Du darüber sagtest, entnehme ich, daß Du nicht beabsichtigst, es selber zu veröffentlichen, hoffe aber, Du wirst es mir nicht verübeln, wenn ich drei kurze Kapitelauszüge dem *Monthly Packet* zur Veröffentlichung einreiche. Die Namen habe ich natürlich abgekürzt, und statt eines genaueren Titels habe ich schlicht geschrieben ›Ellas Tagebuch, oder Die Erfahrungen einer Oxforder Professorentochter während eines Monates im Auslande‹.

Ich werde Dir getreulich alles Geld übermitteln, das ich von Miß Yonge, der Herausgeberin des *Monthly Packet*, dafür bekomme.

Herzlich Dein Freund
C. L. Dodgson

[Auszug aus dem nächsten Brief]

Ich muß Dir leider sagen, daß *jedes Wort meines Briefes die lautere Wahrheit gewesen ist*. Ich kann Dir jetzt mehr sagen – Miß Yonge hat das MS. *nicht abgelehnt*, aber sie kann nicht mehr zahlen als eine Guinee pro Kapitel. Wäre das genug?

10. Agnes Hughes

An Ella Monier-Williams

Meine liebe Ella,
Es tut mir leid, daß ich Dich zu sehr an der Nase herumgeführt habe. Aber es war wirklich wahr. Ich ›hoffte, Du würdest es mir nicht verübeln, *wenn* etc.‹, aus dem sehr guten Grund, weil ich es gar nicht getan habe. Und weder nannte ich einen *anderen* Titel als ›Ellas Tagebuch‹, noch nannte ich *diesen*. Miß Yonge hat das Tagebuch nicht abgelehnt – weil sie es nie gesehen hat. Und ich brauche kaum zu erklären, daß sie nicht mehr als drei Guineen bezahlt hat!

Nicht für dreihundert Guineen hätte ich es *irgend jemandem* gezeigt – nachdem ich Dir versprochen hatte, ich würde es nicht zeigen.

In Eile,
herzlichst Dein
C. L. D.

An Gaynor Simpson

27. Dezember 1873

Meine liebe Gaynor,
Mein Name schreibt sich mit G, also ›Dodgson‹. Jeder, der ihn so schreibt wie dieser Hund (ich meine natürlich den Komiteevorsitzenden im Unterhaus), verletzt mich *zutiefst*, und *auf immer*! Das ist etwas, was ich *vergessen*, aber nie *vergeben* kann! Wenn Du's noch einmal tust, nenne ich Dich ›aynor‹. Könntest Du mit einem solchen Namen glücklich sein?

Was das Tanzen angeht, meine Liebe, so tanze ich *nie*, es sei denn, ich darf es *auf meine eigene besondere Weise* tun. Es hat keinen Zweck, sie zu beschreiben: man muß es sehen, um es zu glauben. In dem letzten Haus, wo ich es versuchte, brach der Fußboden durch. Allerdings war es auch ein erbärmlicher Boden – die Balken waren ganze 15 Zentimeter dick, so was kann man kaum als Balken bezeichnen: Steingewölbe sind viel sinnvoller, wenn überhaupt, *auf meine besondere Weise*, getanzt werden soll. Hast Du je im Zoo gesehen, wenn ein Nashorn und ein Nilpferd ein Menuett zu tanzen versuchten? Es ist ein ergreifender Anblick.

Sag bitte Amy etwas, das sie höchlich verwundert – mit einem Gruß von mir, und sei Du herzlich gegrüßt von Deinem Freund

Lewis Carroll.

11. *Amy Hughes*

An Julia und Ethel Arnold

[3. März] 1874

Was für bemerkenswert schlecht erzogene Kinder ihr doch seid! Ich glaube nicht, daß man in der gesamten Weltgeschichte, und ginge man zurück bis in die Zeiten Neros und Heliogabals, noch einmal ein Beispiel von Kindern fände, die so herzlos und rücksichtslos mit dem Zurückgeben geliehener Märchenbücher sind. Dabei fällt mir ein, daß weder Nero noch Heliogabal je verabsäumt haben, ein geliehenes Märchenbuch auch zurückzugeben. Das ist gewiß, weil sie sich nie eins ausgeliehen haben, und das ist auch gewiß, weil in jenen Tagen keine gedruckt wurden.

An Mary MacDonald

King's Head Hotel
Sandown
Isle of Wight.
26. Juni 1874

Meine liebe Mary,
Etwas so Erfreuliches habe ich lange nicht mehr gehört wie das, was Mrs. MacDonald mir von Deinem gegenwärtigen und künftigen Glück schreibt* – obwohl es kaum zu glauben ist, daß die kleine Mary, die ich zum erstenmal (es scheint erst ein oder zwei Wochen her zu sein) in Mrs. Munros Salon mit ihrem Beinah-Baby-Brü-

---

* Mary hatte sich mit Edward Hughes, einem Aquarellisten und Neffen von Arthur Hughes, verlobt.

derchen Greville sah, jetzt so groß und so würdig geworden ist, daß sie ein richtiges verlobtes junges Fräulein abgibt. Ich gratuliere Dir von ganzem Herzen.

Es heißt, daß Menschen, die heiraten, es im allgemeinen für am besten halten, alle ihre *früheren* Freunde fallenzulassen und einen neuen Kreis aufzumachen. Ob das ein universelles Gesetz ist? Und fallen *sehr* alte Freunde darunter, ebenso wie die neueren? Wenn ja, darf ich über mein Los nicht murren, sondern muß ruhig retirieren in die Liste Deiner ›Gruß-Bekanntschaften‹. Wenn nicht, dann hoffe ich, daß unsere Freundschaft noch ein Dutzend (oder mehr) Jahre dauert und das bleibt, was sie im vergangenen Dutzend Jahre gewesen ist; und daß Du in jedem Falle wirklich und wahrhaftig *glücklich* sein wirst in Deiner Ehe und in Deinem ganzen künftigen Leben, das ist die Hoffnung und das Gebet

Deines Dich liebenden Onkels
C. L. Dodgson.

An Edith Jebb

Ch. Ch. Oxford
20. April 1875

Meine liebe Edith,
Wie in aller Welt kannst Du Dich nur so verhalten! Zu sagen, Dein Betragen sei eine immerwährende Schande für das Menschengeschlecht, wäre weiß Gott zu wenig! Zu sagen, jeder andere, der sich eines solchen Betragens schuldig gemacht hätte, wäre inzwischen an die äußersten Grenzen der gesitteten Welt (zum Beispiel nach Wimbledon) abtransportiert worden oder wäre in ein Ge-

fängnis oder in ein Irrenhaus oder, noch schlimmer, in ein Mädchenpensionat gesperrt worden, das wäre eine sehr *sehr* milde Art und Weise, damit umzugehen, gewesen! »Aber was soll das denn alles *heißen*?« wirst Du fragen. »Was habe ich *getan*?« Eben das ist es, worüber ich mich beklage. Nicht in dem, was Du *getan* hast, sondern in dem, was Du *nicht getan* hast, besteht Dein Vergehen – ein Vergehen, das seit den Tagen Neros nicht seinesgleichen hat. Just in dem Moment, da Du es Dir zur Aufgabe hättest machen sollen, wie Du es versprochen hattest, sämtliche Vornamen von Louis Elliott herauszufinden, auf daß ich ihr eine *Alice* – gleichzeitig mit einem *Spiegelland* für Harry – schicken könnte, ziehst Du, in Deiner Trägheit, das Leben einer Kröte oder einer Boa Constrictor vor und tust *gar nichts*!

Darf ich Dich höflich fragen, *wozu* junge Damen da sind? Wenn sie ihre Versprechungen *nicht* halten und wenn sie sich *nicht* nützlich machen, wozu in aller Welt taugen sie dann? Ein anständiger Ofenschirm oder Schubkarren ist viel nützlicher.

Würdest Du Deine Mama bitten, mir freundlicherweise ihr Exemplar des *Breakfast-Book** zu leihen. Ich habe es kaufen wollen, aber es ist vergriffen. Und ich möchte mir ›Dinge‹ fürs Frühstück bestellen!

                      Knerzlich und herzlich
                      Dein Lewis Carroll

---

* The Breakfast-Book: A Cookery-Book for the Morning Meal, or Breakfast Table, etc. (1865).

An Edith Jebb

Ch. Ch. Oxford
71. Mai 1875

Sehr geehrte Miß Edith Jebb,
Da mir von Ihren wertgeschätzten Eltern die Erlaubnis erteilt wurde, einige Zeilen an Sie zu richten, während Sie Ihren Studien zu Wimbledon obliegen, ergreife ich meine Feder, nicht ohne die Hoffnung, daß Ihre verehrungswürdige Frau Oberin, wenn sie die Epistel inquiriert haben wird, Sie gleichfalls in den Genuß derselben nicht zu bringen verabsäumt. Denn wahrlich, verehrtes gnädiges Fräulein, ich wage zu behaupten, daß keine Bemerkung aus meiner Feder kommen wird, die darauf abzielt, den geordneten Fluß lerneifrigen Denkens auch nur für einen Nu zu unterbrechen, jenen Fluß, mit welchem Ihre exzellente Lehrmeisterin Sie zweifelsohne zu durchtränken bestrebt ist! Dornicht mag der Weg der Wissenschaft wohl sein – mögen Sie aber zugleich teilhaftig werden ihres Segens (nicht ›Sägens‹, welches woanders hingehört)! Wie süß, zu zweien und zweien (zwei und zwei gibt vier) durch die schattichten Alleen von Wimbledon zu schreiten und vor sich hin zu flüstern, ›Tugend ohne Wachsamkeit, verliert sich bald in Sicherheit‹. Oder ›Auf einem Stein, der rollt, wächst kein Moos.‹ Zweifelsohne hat Ihre gelehrte Schul-Direktorin Ihnen schon vordem expliziert, daß mit einem ›rollenden Stein‹ eine Art ›Ball‹ gemeint ist. Und ein Ball, das brauche ich kaum hinzuzufügen, ist eine Veranstaltung, welcher jedwede junge Dame, die das Privileg einer Unterweisung, wie Sie sie, meine verehrte Miß Jebb, nun empfangen, hat, tunlichst aus dem Wege geht. Es ist eine Veranstal-

tung, auf der Zerstreuung und Liederlichkeit gepflogen werden – über dies traurige Thema will ich, kann ich mich nicht verbreiten. Und wieder, wie süß, wenn Sie mit Ihren Gefährtinnen unter umbratischer (›schattiger‹) Eiche lagern und einander die unregelmäßigen deutschen Verben vorflöten! Selbst die Lektüre des französischen Diktionärs von hinten mag, unter jener verständigen Leitung, mit welcher Sie gesegnet sind, schlicht zur Liebesmüh werden. Ich entschuldige mich für das anstößige Wort, welches unbeabsichtigt meiner Feder entfloß, ein Wort, welches sich in Romanen, Romanzen und derlei Büchern findet, die von unbesonnenen jungen Damen gelesen werden, Bücher, von denen ich nichtsdestotrotz sicher bin, daß sie in den Mauern nicht gefunden werden, wo Sie das Glück haben, unter der fürsorglichen Förderung jener vollkommenen Dame zu weilen, die ineins Ihre ›Führerin, Philosophin und Freundin‹ ist!

Ich verbleibe, meine liebe Miß Edith, hochachtungsvoll Ihr sehr ergebener

Lewis Carroll

Wenn Sie Ihren Eltern das nächstemal schreiben, wollen Sie ihnen bitte meine ergebensten Empfehlungen übermitteln.

An Gertrude Chataway

Christ Church, Oxford
13. Oktober 1875

Meine liebe Gertrude,
Ich mache nie Geburtstags*geschenke*, aber, wie Du siehst, schreibe ich manchmal einen Geburtstags*brief*: ich bin gerade angekommen und will Dir nur gleich recht viel Glück für Deinen morgigen Geburtstag wünschen. Ich trinke Deine Gesundheit, wenn ich's nicht vergesse, und wenn's Dir recht ist – aber vielleicht hast Du was dagegen? Weißt Du, wenn ich mit Dir beim Frühstück säße und Deinen Tee tränke, das würde Dir gar nicht gefallen, oder? Du würdest sagen, ›Buh! Huh! Hier der Herr Dodgson hat meinen ganzen Tee getrunken und für mich ist keiner mehr da!‹ So wird Dich wohl Sybil, wenn sie das nächstemal nach Dir sucht, am tristen Meeresstrand sitzen finden und schluchzen, ›Buh! Huh! Hier der Herr Dodgson hat meine Gesundheit getrunken und für mich ist keine mehr da!‹ Und wie wird sich Dr. Maund wundern, wenn er geholt wird, um nach Dir zu sehen! ›Meine liebe gnädige Frau, leider muß ich Ihnen sagen, daß Ihr kleines Mädchen *überhaupt kein bißchen Gesundheit* hat! So etwas habe ich ja in meinem ganzen Leben noch nicht gesehen!‹ ›Oh, das kann ich leicht erklären‹, wird Deine Mutter sagen. ›Sehen Sie, sie hat sich da einfach mit einem fremden Herrn angefreundet, und gestern hat er ihre Gesundheit getrunken!‹ ›Nun, Mrs. Chataway‹, wird er sagen, ›das einzige Heilmittel, das es gibt, ist, daß sie wartet, bis *er* Geburtstag hat, und daß *sie* dann *seine* Gesundheit trinkt.‹

Und dann werden wir unsere Gesundheiten ausge-

12. *Irene MacDonald*

tauscht haben. Ich bin gespannt, wie Dir meine gefallen wird! Oh, Gertrude, ich wünschte, Du würdest nicht solchen Unsinn reden!...

Dein Dich liebender Freund
Lewis Carroll

An Gertrude Chataway

Christ Church, Oxford,
9. Dezember 1875

Meine liebe Gertrude,
Das geht *wirklich nicht*, weißt Du: jedesmal einen weiteren Kuß mit der Post zu schicken: das Paket wird so schwer, daß es ziemlich teuer ist. Als der Postbote den letzten Brief hereinbrachte, schaute er recht bedenklich. »Zwei Pfund zu bezahlen, Herr!« sagte er. »*Übergewicht*, Herr!« (Ich glaube übrigens, daß er ein bißchen schwindelt. Er läßt mich oft zwei *Pfund* bezahlen, wenn ich glaube, es müßten *Pennies* sein.) »Oh, seien Sie so gnädig, Herr Postbote!« sagte ich und senkte mich sehr anmutig auf ein Knie (ich wünschte, Du könntest sehen, wenn ich vor einem Postboten in die Knie gehe – es sieht ausgesprochen hübsch aus), »verzeihen Sie mir doch dieses eine Mal! Der Brief ist nur von einem kleinen Mädchen!«

»Nur von einem kleinen Mädchen!« brummte er. »Aus welchem Zeug sind kleine Mädchen?« »Zucker und Sekt«, begann ich zu sagen, »und alles, was schme – «, aber er unterbrach mich. »Nein! *Das* meine ich nicht. Ich meine, wozu taugen kleine Mädchen, wenn sie solche schweren Briefe schicken?« »Ja, sie taugen nicht zu *sehr* viel, das stimmt«, sagte ich, ziemlich traurig.

»Passen Sie auf, daß Sie keine solchen Briefe mehr bekommen«, sagte er, »wenigstens nicht mehr von diesem kleinen Mädchen. *Ich kenne sie gut, und sie macht regelmäßig dummes Zeug!*« Das stimmt doch nicht, oder? Ich glaube kaum, daß er Dich je gesehen hat, und Du machst doch kein dummes Zeug, oder? Jedenfalls habe ich ihm versprochen, wir würden uns nur noch sehr wenige Briefe schreiben – »Nur noch zweitausendvierhundertundsiebenzig oder so«, sagte ich. »Oh!« sagte er, »eine *so* kleine Zahl zählt nicht. Ich meine bloß: Sie dürfen nicht *viele* schicken.« Da siehst Du also, daß wir von nun an zählen müssen, und wenn wir zu zweitausendvierhundertundsiebzig kommen, dürfen wir keine mehr schreiben, es sei denn, der Postbote erlaubt es uns.

Ich wünschte manchmal, ich wäre wieder am Strand von Sandown; Du nicht auch?

Dein Dich liebender Freund
Lewis Carroll.

13. Irene MacDonald

An Magdalen Millard

Oxford, Christ Church College,
15. Dezember 1875

Meine liebe Magdalen,
Ich muß Dir erklären, warum ich gestern nicht gekommen bin. Es hat mir leid getan, daß ich Dich nicht sehen konnte, aber ich wurde unterwegs ständig aufgehalten, weißt Du. Ich habe den Leuten auf der Straße zu erklären versucht, daß ich auf dem Weg zu Dir wäre, aber sie hörten einfach nicht zu; sie sagten, *sie* hätten's eilig, und das war ungezogen. Schließlich traf ich einen Schubkarren, von dem ich dachte, er würde mir zuhören, aber ich konnte nicht herausbringen, was in ihm steckte. Zuerst sah ich ein paar Falten, dann blickte ich durch ein Teleskop und sah, daß es eine Miene war; dann blickte ich durch ein Mikroskop und fand, daß es ein Gesicht war! Ich glaubte, es sähe mir ziemlich ähnlich, also holte ich einen großen Spiegel, um sicherzugehen, und dann fand ich zu meiner großen Freude, daß ich es selbst war. Wir schüttelten uns die Hand und wollten uns gerade unterhalten, da kam mein Ich herbei und gesellte sich zu uns, und wir unterhielten uns recht angenehm miteinander. Ich sagte, »Erinnert ihr euch, wie wir uns alle in Sandown getroffen haben?«, und mein Ich sagte, »Es war dort sehr lustig; wir kannten ein Mädchen, das hieß Magdalene«, und mein Selbst sagte, »Ich hatte sie eigentlich ein bißchen gern; nicht sehr, wißt ihr – nur ein bißchen.« Dann war es Zeit für uns, zum Zug zu gehen, und wer, glaubst Du, hat uns zum Bahnhof gebracht? Du würdest doch nie draufkommen, deshalb will ich's Dir sagen. Es waren zwei sehr liebe Freunde von mir, die zufällig auch

jetzt gerade bei mir sind und darum bitten, diesen Brief herzlichst als Deine Freunde unterzeichnen zu dürfen.

Lewis Carroll und C. L. Dodgson

An Florence Balfour

Christ Church, Oxford
6. April 1876

Meine liebe Birdie,
Wenn Du das *Schnark* gelesen hast, wirst Du mir hoffentlich ein Briefchen schreiben und mir sagen, wie es Dir gefällt und ob Du es *ganz* verstehst. Manche Kinder finden es rätselhaft. Du weißt natürlich, was ein Schnark ist? Wenn Du's weißt, bitte sag's *mir*: ich habe nämlich keinen blassen Schimmer, was das ist. Und sag mir auch, welches von den Bildern Dir am besten gefällt.

Herzlich Dein Freund
Lewis Carroll

An Gertrude Chataway

Christ Church, Oxford
21. Juli 1876

Meine liebe Gertrude,
Erkläre mir mal, wie ich in Sandown meinen Spaß haben soll ohne *Dich*. Wie kann ich am Strand allein spazierengehen? Wie kann ich allein auf unserer Holztreppe sitzen? Du siehst also, da ich's ohne Dich nicht schaffe, wirst Du wohl kommen müssen. Wenn Violet kommt, will ich sie bitten, daß sie Dich zu sich einlädt, und dann werde ich im Heather-Bell hinüberkommen und Dich holen.

Sollte ich einmal hinüberkommen, könnte ich nicht am gleichen Tag wieder zurückfahren, so daß Du mir irgendwo in Swanage ein Bett besorgen müßtest; und wenn Du keins finden kannst, erwarte ich von *Dir*, daß Du die Nacht am Strand verbringst und Dein Zimmer *mir* überläßt. Gäste gehen bekanntlich vor; und ich bin sicher, daß in diesen warmen Nächten der Strand durchaus gut genug ist für *Dich*. Sollte es Dir *doch* ein bißchen fröstelig werden, kannst Du natürlich in einen Badekarren krabbeln, die ja, wie jedermann weiß, ausgesprochen bequem zum Schlafen sind – Du weißt ja, daß die Dielen absichtlich aus extra weichem Holz gemacht sind. Ich schicke Dir sieben Küsse (die eine Woche reichen werden) und verbleibe

      Dein Dich liebender Freund
        Lewis Carroll

An Gertrude Chataway

28. Oktober 1876

Meine liebste Gertrude,
Du wirst überrascht und verwundert und schmerzlich berührt sein zu hören, welche seltsame Krankheit ich gehabt habe, seit Du von mir fortgegangen bist. Ich ließ den Doktor holen und sagte: »Geben Sie mir eine Arznei, denn ich bin müde.« Er sagte: »Schnick und Schnack! Sie brauchen keine Arznei: ins Bett mit Ihnen!« Ich sagte: »Nein. Es ist nicht die Art von Müdigkeit, der mit dem Bett geholfen ist. Ich bin müde im *Gesicht*.« Er blickte ein wenig besorgt drein und sagte: »Oh, es sind Ihre *Locken*, die müde sind: das kommt davon, wenn man zu viele kleine Mädchen an*lockt*.« Ich darauf: »Nein, es sind nicht die Locken. Vielleicht sind's die Lider.« Da sah er mich ziemlich besorgt an und sagte: »*Jetzt* verstehe ich: Sie haben zu viele Lieder auf dem Klavier gespielt.« »Nein, weiß Gott nicht!« versetzte ich, »und es sind auch nicht genau die *Lider*: es ist eher um Nase und Kinn herum.« Da blickte er noch viel besorgter drein und sagte: »Sind Sie in letzter Zeit häufig auf Ihrem Kinn spaziert?« Ich versetzte: »Nein.« »Na dann«, sagte er, »stehe ich vor einem Rätsel. Glauben Sie, daß es in den Lippen sitzt?« »Natürlich!« sagte ich. »Das ist genau die Stelle, wo es sitzt!« Da sah er mich in der Tat sehr besorgt an und sagte: »Ich glaube, Sie müssen zu viele Küsse gegeben haben.« »Na ja«, sagte ich, »*einen* Kuß habe ich einem Baby, einer kleinen Freundin von mir, gegeben.« »Denken Sie noch einmal nach«, sagte er; »sind Sie sicher, daß es nur *einer* war?« Ich dachte noch einmal nach und gab zu: »Vielleicht war es elfmal.« Da sagte der Doktor: »Sie

dürfen ihr *keinen einzigen* mehr geben, bis sich Ihre Lippen wieder völlig beruhigt haben.« »Aber was soll ich denn tun?« sagte ich, »denn sehen Sie, ich schulde ihr noch einhundertzweiundachtzig.« Da blickte er so besorgt drein, daß die Tränen seine Backen herunterrollten, und sagte: »Sie können sie ihr in einer Schachtel schikken.« Da fiel mir ein Schächtelchen ein, das ich einmal in Dover gekauft hatte und irgendwann dem einen oder anderen kleinen Mädchen hatte schenken wollen. Ich habe sie also alle sehr vorsichtig hineingepackt. Sag mir, ob sie sicher angekommen sind oder ob auf dem Weg welche verlorengegangen sind.
...

Dein Dich sehr liebender Freund,
Lewis Carroll

An Bert Crote*

> The Chestnuts,
> Guildford,
> 9. Juni [1877?]

Mein lieber Bertie,
Ich hätte Dir sehr gerne geschrieben, wie Du es gewollt hast, nur gibt es leider Verschiedenes, was dagegenspricht. Ich glaube, wenn Du alles gehört hast, wirst Du einsehen, daß ich recht habe, nein zu sagen.

Das erste, was dagegenspricht, ist, daß ich keine Tinte habe. Du glaubst das nicht? Na, Du hättest die Tinte sehen sollen, die es zu meiner Zeit gab! (Zur Zeit der Schlacht von Waterloo: ich bin in dieser Schlacht Soldat gewesen.) Weißt Du, man mußte nur ein wenig Tinte aufs Papier schütten, und alles ging von selbst! *Diese* Tinte hier ist so dämlich, daß sie kein Wort, das man für sie anfängt, von selbst fertigschreiben kann.

Weiter spricht dagegen, daß ich keine Zeit habe. Das glaubst Du auch nicht, sagst Du? Na, wen kümmert's? Du hättest die Zeit sehen sollen, die es zu *meiner* Zeit gab! (Zur Zeit der Schlacht von Waterloo, wo ich ein Regiment kommandiert habe.) Der Tag hatte damals immer 25 Stunden – manchmal sogar 30 oder 40.

Das dritte und wichtigste, was dagegenspricht, ist mein großer Abscheu vor Kindern. Weshalb weiß ich nicht, auf Ehre und Gewissen: aber ich *hasse* sie – so wie man Lehnstühle und Plum-Pudding haßt! Das glaubst Du auch nicht, wie? Habe ich jemals gesagt, Du würdest es glauben? Na, Du hättest die Kinder sehen sollen, die es

---

* Der einzige erhaltene Brief an einen kleinen Jungen.

zu *meiner* Zeit gab! (Schlacht von Waterloo, wo ich die englische Armee befehligte. Man nannte mich den ›Herzog von Wellington‹ damals, aber ich fand es sehr lästig, einen derart langen Namen zu tragen, und so habe ich ihn in ›Herr Dodgson‹ abgeändert. Ich wählte ›Herr Dodgson‹, weil es mit derselben Silbe wie ›Herzog‹ anfängt.) Da siehst Du also, daß ich Dir unmöglich schreiben kann.

Hast Du Schwestern? Ich hab's vergessen. Wenn ja, grüße sie herzlich von mir. Ich bin Deinem Onkel und Deiner Tante sehr verbunden, daß sie mich das Photo behalten lassen.

Ich hoffe, Du bist nicht sehr enttäuscht, daß Du keinen Brief erhältst von

                Deinem Dich liebenden Freund
                      C. L. Dodgson.

*An Menella Wilcox**

Grosvenor House, 44, Grand Parade
Eastbourne
14. Juli 1877

Meine liebe Nella,
Wenn Eastbourne nur eine Meile von Scarborough entfernt wäre, käme ich morgen Dich besuchen; aber es ist ein *so* weiter Weg! Da war gestern ein kleines Mädchen, das rannte die Promenade auf und ab, und es endete seinen Lauf immer genau dort, wo ich saß; es blickte mir kurz ins Gesicht und lief dann wieder davon. Als das nun so sechsmal passiert war, lachte ich es an, und es lachte mich an und lief wieder fort; und das nächste Mal streckte ich meine Hand aus, und sie schüttelte sie auf der Stelle; und ich fragte: »Schenkst Du mir das Stück Tang?« und sie sagte »Nein!« und rannte wieder fort. Und das nächste Mal fragte ich: »Schneidest Du mir ein Stückchen von Deinem Tang ab?« Und sie sagte: »Aber ich habe doch keine Schere!« Also lieh ich ihr meine Klappschere, und sie schnitt sehr vorsichtig ein Stückchen ab und gab es mir und rannte wieder fort. Doch im Nu kam sie zurück und sagte: »Ich habe Angst, daß meine Mutter nicht will, daß Du das behältst!« Also gab ich es ihr wieder zurück und sagte, sie solle ihre Mutter bitten, Nadel und Faden zu nehmen und die beiden Stücke wieder zusammenzunähen; und sie lachte und sagte, sie würde die beiden Stücke in ihrer Tasche verwahren. War das nicht eine komische kleine Pflanze? Ich bin froh, daß *Du* nicht unausgesetzt davonrennst, wenn wir uns unterhalten.

* Dodgsons Kusine

14. Alice Margaret Harington

Fühlt sich Matilda Jane* ganz wohl? Und ist sie wieder ohne ihre Schuhe in den Regen hinausgelaufen?

Viele Grüße an Deine Mama und an *Deine* Tante Lucy; nicht an *meine* Tante Lucy, denn die ist in Guildford.

Herzlich Dein Vetter
Charles L. Dodgson.

An Agnes Hull

Christ Church, Oxford,
10. Dezember 1877

Meine liebe Agnes,
endlich ist es mir gelungen, Dich zu vergessen! Es ist sehr anstrengend gewesen, aber ich habe 6 »Vergessensnachhilfestunden« genommen, die Stunde zu einer halben Krone. Nach drei Stunden habe ich meinen eigenen Namen vergessen, und ich habe vergessen, die nächste Stunde zu besuchen. Da meinte der Professor, ich käme sehr gut voran, »aber ich hoffe«, fügte er hinzu, »daß Sie nicht vergessen werden, die Stunden zu bezahlen.« Ich sagte, das würde davon abhängen, ob die anderen Stunden gut wären oder nicht: und weißt Du, die letzte von den sechs Stunden war so gut, daß ich alles vergessen habe! Ich vergaß, wer ich war, ich vergaß zu essen, und bis jetzt habe ich völlig vergessen, den Mann zu bezahlen. Ich will Dir seine Adresse geben, da Du vielleicht gern Stunden bei ihm nehmen möchtest, um mich zu vergessen. Er lebt in der Mitte von Hyde Park, und sein Name ist Ferg. Essen. Es ist eine solche Erleichterung, alles vergessen zu haben über Agnes und Evey und ... und ...,

* Nellas Puppe

*15. Xie Kitchin und ihre Brüder
(›St. Georg und der Drache‹)*

und ich fühle mich so glücklich, wie der Tag kurz ist (ich hätte gesagt, »wie der Tag lang ist«, bloß haben wir, wie Du weißt, jetzt Winter, nicht Sommer).

Ach! Kind, Kind! Warum bist Du nie in Oxford gewesen, um Dich photographieren zu lassen? Erst vor einer Woche habe ich ein erstklassiges Bild aufgenommen, doch da mußte die Person, die mir saß (ein kleines Mädchen von zehn) eine und eine halbe Minute still sitzen, das Licht ist jetzt so schwach. Doch wenn Du jemanden dazu kriegst, der Dich herüberbringt, könnte ich eins machen, sogar jetzt. Ich werde vermutlich fast bis Weihnachten hier sein. Was nützt eine erwachsene Schwester, wenn sie Dich nicht durch England geleiten kann? Nach Weihnachten hoffe ich in die Stadt zu gehen und ein paar Kinder zu Pantomimen mitzunehmen. Meine erste Pflicht wird sein, meine Freundin Evelyn Dubourg (dort bekomme ich ein Bett, wenn ich in der Stadt bin) in irgendein Theater einzuladen. Sie sagt, sie »hält sich jung«, um mit mir gehen zu können. Sie ist noch nicht erwachsen (sie ist noch nicht ganze sechzehn, wird es aber in einer Woche etwa sein), darum kann man ihren kindlichen Geschmack entschuldigen. Wenn ich sie eingeladen habe, würde ich gern zwei von euch einladen – oder sagen wir zweieinhalb, nicht mehr. Aber was ist ›ein halbes Kind‹? wirst Du fragen. Nun weißt Du, die meisten Kinder bestehen zum Teil aus Armen und zum Teil aus Beinen, wenn aber ein Kind nur aus Armen oder nur aus Beinen besteht (es ist gleich woraus), dann nenne ich das »ein halbes Kind«. Ich lege ein Rätsel bei, das ich für Dich gemacht habe. Die Antwort ist ein zweisilbiges Wort.

Ich lege auch ein paar Anagramme für Deine erwachsene Schwester bei. Alles Liebe für Evey, und ich bin
>Dein Dich liebender Freund
>>Lewis Carroll.

An Jessie Sinclair
>Christ Church, Oxford,
>22. Januar 1878

Meine liebe Jessie,
Nichts hat mir in der letzten Zeit so gefallen wie Dein Brief. Ich nenne Dir deshalb ruhig ein paar Dinge, die mir gefallen, und dann, wann immer Du mir etwas zum Geburtstag schenken willst (ich habe alle sieben Jahre Geburtstag, am fünften Dienstag im April), wirst Du wissen, was Du mir schenken kannst. Also gut, ich mag, und zwar *sehr*, ein wenig Senf, mit einem bißchen dünn darunter gestrichenem Rindfleisch; und ich mag braunen Zucker – nur müßte etwas Apfelpudding daruntergemischt sein, damit der Zucker nicht zu süß ist; aber vielleicht mag ich doch am liebsten Salz, mit etwas darüber geschütteter Suppe. Die Suppe hat den Zweck, das Salz nicht zu trocken werden zu lassen; außerdem hilft

sie, daß es sich auflöst. Es gibt dann noch andere Sachen, die ich mag; zum Beispiel Nadeln – nur müßten die immer ein Kissen drumherum haben, damit sie warm bleiben. Und ich mag zwei oder drei Händevoll Haar; bloß müßten die immer den Kopf eines kleinen Mädchens unter sich haben, auf dem sie wachsen können, andernfalls werden sie immer, wenn man die Tür öffnet, im Zimmer herumgeweht, und dabei gehen sie verloren, weißt Du.

Sag Sally, es ist gut und schön, daß sie zwei Diebe und fünf Äpfel lösen kann, aber kann sie den Fuchs und die Gans und den Sack Korn lösen? Die brachte der Mann vom Markt, und er mußte sie über einen Fluß schaffen, und das Boot war so winzig, daß er immer nur eins hinüberfahren konnte; und er konnte den Fuchs und die Gans nicht allein zurücklassen, denn dann hätte der Fuchs die Gans gefressen; und wenn er die Gans und das Korn zurückgelassen hätte, hätte die Gans das Korn aufgefressen. Das einzige, was er also ohne Gefahr beieinander lassen konnte, waren der Fuchs und das Korn, denn man hat nie einen Fuchs gesehen, der Korn frißt, und man sieht selten Korn, das einen Fuchs frißt. Frag sie, ob sie *das* Rätsel lösen kann.

Ich glaube schon, daß ich kommen und Dich wiedersehen werde – sagen wir etwa alle zwei Jahre einmal; und ich glaube bestimmt, daß wir in etwa zehn Jahren gute Freunde sein werden. Glaubst Du nicht auch? Ich würde sehr froh sein, von Dir zu hören, wann immer Du Dich zum Schreiben aufgelegt fühlst, und auch von Sally, falls *sie* ihre Hand im Schreiben versuchen mag. Wenn sie mit ihrer Hand nicht schreiben kann, soll sie's mit dem Fuß versuchen. Eine hübsche Fußschrift ist etwas sehr Schönes. Alles Liebe an sie und Kate und Harry; nur mußt Du aufpassen, daß Du ein wenig davon für Dich behältst.

Herzlichst Dein Freund
Lewis Carroll

An Sarah Sinclair

Christ Church, Oxford,
9. Februar 1878

Meine liebe Sallie,
Bitte sag Jessie, ich habe *nur* Unsinn machen wollen, darum hoffe ich, daß sie mir kein Nadelkissen schenkt, denn ich habe schon drei. Ich habe vergessen, was ich in meinem Brief an sie gesagt habe, und *sie* weiß ihn ganz auswendig; da siehst Du also, was passiert ist – der Brief ist mir *aus* dem Sinn gekommen und ihr *in* den Sinn: ganz wie ein Mensch, der ein neues Haus betritt. Ob es ihm wohl in Jessies Sinn warm und behaglich zumute war, und ob es ihm dort gerade so gut gefiel wie im alten Haus? Ich *glaube*, beim ersten Eintreten hat er sich umgeschaut und gesagt: »O Jemine, o Jemine! Ich werde mich ja nie behaglich fühlen in diesem neuen Sinn! Ich wünschte, ich wäre wieder zurück im alten! Hier steht doch tatsächlich ein großes häßliches Sofa, breit genug, daß sich ein Dutzend Leute darauf setzen kann! Und das Wort FREUNDLICHKEIT steht darüber angeschrieben. Ich werde es also gar nicht für mich allein haben. Na, in meinem alten Haus, da gab's bloß einen Stuhl – einen hübschen weichen Lehnstuhl, der gerade groß genug für mich war; und das Wort ICHSUCHT stand auf der Rückenlehne; darum konnten keine lästigen anderen

Leute hereinkommen, weil's für sie keine Stühle gab. Und was für ein lächerlicher kleiner Schemel da beim Kamin steht, mit der Aufschrift DEMUT. Ja, Du hättest sehen sollen, was es für einen hübschen hohen Schemel in meinem alten Haus gegeben hat! Na, wenn Du auf dem gesessen hast, hast Du Dir den Schädel fast gegen die Decke geschlagen! Und EINBILDUNG hat natürlich auf ihm gestanden; das ist ein viel hübscherer Name als DEMUT. Na, wollen wir doch mal sehen, was im Schrank ist. In meinem alten Haus gab's bloß eine große Flasche Essig und auf dem Etikett stand VERDROSSENHEIT, aber dieser Schrank ist mit Töpfchen vollgestopft! Wollen wir doch einmal sehen, wie die heißen. O Jemine, o Jemine! Die sind ja alle voll Zucker, und die Etiketten heißen LIEBE VON SALLY, LIEBE VON KATE, LIEBE VON HARRY! O, diesen ganzen Quatsch kann ich hier nicht haben! Ich werde die Töpfchen alle zum Fenster hinauswerfen!«

Was *dieser* Brief wohl sagen wird, wenn er Dir in den Sinn kommt? Und was, meinst Du, wird er dort finden? Alles Liebe an Jessie und Kate und Harry und Dich, und vier Küsse: das ist gerade einer pro Stück. Ich hoffe, sie brechen unterwegs nicht entzwei.

Herzlichst Dein
Lewis Carroll.

Danke Jessie für Brief.

An Gertrude Chataway

Reading Station
(auf meinem Weg nach Guildford,
The Chestnuts)
13. April 1878

Meine liebe Gertrude,
Da ich hier eine halbe Stunde warten muß, habe ich den Bradshaw* konsultiert und bedacht (die meisten Dinge, weißt Du, muß man gut bedenken: sogar ein Haus muß bedacht werden, damit's nicht hereinregnet), und das Ergebnis ist, daß es so aussieht, als könnte ich, irgendwann nächste Woche, nach Winchfield fahren und so gegen eins dort ankommen; und daß ich, wenn ich von Winchfield wieder gegen halb sieben abführe, zum Abendessen wieder in Guildford sein könnte. Die nächste Frage ist, *Wie weit ist es von Winchfield nach Rotherwick?* Beschwindle mich aber nicht, Du elendigliches Kind! Wenn es weiter ist als hundert Meilen, kann ich Dich nicht besuchen kommen, und es hat keinen Zweck, weiter darüber zu reden. Wenn es kürzer ist, lautet die nächste Frage, *Wieviel kürzer?* Das sind ernste Fragen, und Du mußt sie ernst wie ein Richter beantworten. Ich bitt mir aus: kein Gekicher in der Feder und kein Getuschel in der Tusche (vielleicht sagst Du jetzt, ›Es kann doch gar kein *Getuschel* in der *Tusche* sein: aber *Tusche* im *Getuschel*, ja *das* ginge‹ – aber das ist lächerlich; Du sollst nicht solche Witze machen, wenn ich Dich gerade gebeten habe, ernst zu sein), wenn Du nach Guildford schreibst und diese beiden Fragen beantwortest. Du kannst mir bei der Gelegenheit

---

* Erstes englisches Kursbuch, seit 1839 erscheinend.

16. Xie Kitchin

auch gleich schreiben, ob Du überhaupt noch in Rotherwick wohnst – und ob Du zu Hause bist – und ob Du meinen Brief gekriegt hast – und ob Du noch ein Kind bist oder schon eine erwachsene Dame – und ob Du im nächsten Sommer ans Meer fährst – und alles, was Du sonst noch weißt (außer dem Alphabet und dem Einmaleins). Ich schicke Dir 10,000,000 Küsse und verbleibe
Dein Dich liebender Freund
C. L. Dodgson

An Gertrude Chataway

The Chestnuts, Guildford,
19. April 1878

Meine liebe Gertrude,
Es tut mir leid, aber es wird nichts draus. Ich habe die ganze Woche eine so schlimme Erkältung gehabt, daß ich ein paar Tage kaum vor der Tür gewesen bin, und ich glaube nicht, daß es klug wäre, den Ausflug diesmal zu wagen – und Dienstag muß ich hier abfahren. Aber schließlich und endlich, was bedeutet das schon? Vielleicht gibt es zehn oder zwanzig Herren, die alle nur ein paar Meilen im Umkreis von Rotherwick wohnen, und jeder von denen würde es genausogut tun! Wenn ein

17. Beatrice Henley

kleines Mädchen sich eine Pflaume von einem Teller stehlen will und feststellt, daß sie diese nicht haben kann, weil sie schlecht oder unreif ist, was tut sie da? Ist sie verdrossen oder enttäuscht? Kein bißchen! Sie nimmt sich einfach eine andere dafür und grinst von einem Öhrchen zum andern, während sie sie zum Munde führt! Das ist ein nützliches Geschichtchen für Dich. Das kleine Mädchen bist *Du* – die faule Pflaume bin *ich* – die andere Pflaume ist irgendein anderer Freund – und alles das über das kleine Mädchen, das Pflaumen an ihren Mund führt, bedeutet – nun, es bedeutet – aber Du weißt ja, Du kannst nicht erwarten, daß *jede* Einzelheit einer Geschichte etwas bedeutet! Und das Grinsen des kleinen Mädchens bedeutet Dein süßes kleines Lächeln, das genau vom einen Ohrläppchen zum anderen reicht!

Dein Dich liebender Freund
C. L. Dodgson.

Ich schicke Dir 4¾ Küsse.

An Agnes Hull

Christ Church, Oxford,
17. Oktober 1878

Na weißt Du! Von allen *Niederträchtigkeiten*, die von einer jungen Dame von zehn je begangen worden sind, um *einen Pfennig* zu sparen, war der Umstand, das *wertvolle* Büchlein*, auf das ich so viele *schlaflose* Stunden verwendet habe, mit der Buch-Post zu schicken, wie um sicherzugehen, daß alle seine Ecken auf dem Weg anständig

---

* Das Notizbuch, in das er die für Agnes erfundenen Rätsel und Gedichte geschrieben hatte.

verknickt würden und das Buch selber von den Postbeamten durchgelesen würde (die solche Bücher immer dann lesen, wenn sie gerade Kohlen ins Feuer geschüttet haben, damit sie schwarze Daumenabdrücke auf jeder Seite hinterlassen) und daß der schöne Ledereinband von den Katzen des Postamts zerkratzt würde – war dies etwa die *niederträchtigste*! Du verdienst kaum, daß Du es wieder bekommst, Du fürchterliches Kind! Natürlich kenne ich Deinen wirklichen Beweggrund dafür – Du dachtest nämlich, daß ich, wenn Du es mit der normalen Post geschickt hättest, erwarten könnte, Du würdest ein Begleitbriefchen beilegen, und *dazu* warst Du zu stolz! O dieser Stolz, dieser Stolz! Wie verdirbt der doch ein Kind, das ansonsten ganz erträglich wäre! Und Stolz auf die Herkunft ist am allerschlimmsten. Außerdem glaube ich nicht, daß die Familie Hull so alt ist, wie Du sagst: es ist völliger Unsinn, diese Idee von Dir, daß Japhet den Nachnamen Hull wählte, weil er es war, der die Hülle der Arche baute – ich bin nicht einmal sicher, ob sie überhaupt eine Hülle *hatte*. Und wenn Du sagst, daß seine Frau Agnes hieß und daß Du nach ihr getauft bist, dann erfindest Du Dir einfach etwas zurecht, weißt Du. Und jedenfalls stamme *ich* von Japhet ebenfalls ab: also brauchst Du Deine Nase (und das Kinn und die Augen und das Haar) nicht so *sehr* hoch zu tragen!

Die Negative sind getrocknet und gefirnißt, und alle außer den beiden großen von Dir werden hier zum Drukker gehen. Diese beiden will ich nach London schicken und sie irgendwo deponieren, wo sie der Tunbridge-Wells-Drucker abholen kann. Das wird eine hübsche kleine Arbeit für Evie sein...

18. Edith, Lorina und Alice Liddell

Sag ihnen alles Liebe und gib ihnen drei – ach nein, es hat keinen Zweck, welche zu schicken, weil Du sie nie weitergibst, und *Du* verdienst sowieso keine mehr.

Dein Dich liebender Freund
Lewis Carroll.

An Menella Wilcox

Christ Church, Oxford,
20. Oktober 1878

Meine liebe Nella,
Ich danke Dir vielmals für den Serviettenring, aber da ich nie so ein Ding benutze, hoffe ich, daß es Dir nichts ausmacht, wenn ich ihn jemand anderem schenke, und wenn Du mir wirklich etwas machen möchtest, mach mir eine kleine Tasche (sagen wir eine quadratische Tasche, ungefähr so groß wie dieses Blatt Briefpapier): *das* könnte ich wirklich gebrauchen, und ich wäre sehr froh, wenn ich's bekäme. Und fabriziere Deine Initialen darauf, und dann werde ich mich immer daran erinnern, wer sie mir gemacht hat. Jetzt will ich Dir aber etwas erzählen. Neulich in Eastbourne, sah ich – na, wen meinst Du wohl? Natür-

lich rätst Du: ›ein Schnark‹. Nun, das stimmt nicht. Es war nicht genau ein Schnark, aber beinah. Ich besuchte eine Dame, die ein kleines Mädchen namens ›Bibby‹ hütete (es kommt aus Indien und ist sieben Jahre alt. Ich wünschte, sie würde es einmal Deiner Mama schicken; es würde euch sehr gefallen), und der kleine Bruder kam ins Zimmer, und der stellte wohl irgend etwas an, denn die Dame rief plötzlich, ›O Buuhdschamm! Faß das nicht an.‹ War das nicht toll – endlich ein lebendiges Buuhdschamm zu sehen? Zum Glück kann ich sagen, daß ich mich nicht aufgelöst habe, ›Klamm, heimlich und zag‹, aber schließlich bin ich ja auch kein Bäcker.* Ich weiß nicht, wie das Buuhdschamm wirklich heißt. Bibbys richtiger Name ist ›Clare‹ (ist das nicht ein schöner Name?) – ›Clare Turton‹.

Es ist Mitternacht, also gute Nacht. Ich muß zu Bett gehen. Alles Liebe für Dich und vierzehn Küsse, die eine ganze Woche lang vorhalten müßten.

Herzlichst Dein Vetter
Lewis Carroll.

---

* In Lewis Carrolls großem Unsinngedicht *The Hunting of the Snark* (1876; deutsche Übersetzung u. d. T. *Die Jagd nach dem Schnark* von Klaus Reichert, Frankfurt: Insel 1968, überarbeitete Ausgabe 1982 u. ö.) trifft nach vielen vergeblichen Jagden schließlich der Bäcker auf ein Schnarck, das sich als ein Buuhdschamm entpuppt: »Da löst' er sich auf, klamm, heimlich und zag, / Denn das Schnark *war* ein Buuhdschamm: todsicher.«

Why, how *can* she know that no harm has
come to it? Surely you must know best, having the task before me from
morning to night, and didn't even mention it when I sign
gazing at it for hours together with tear-dimmed eyes?
Why, there are several things that had put,
for instance, the number of beetles between the knees. So,
myself 'your loving,' you go down a step, and to say 'your affectionate,' or 'your sincere,' or
then I go down another step. Very well,
truly, Lewis Carroll.
Oct. 22/78

An Agnes Hull
22. Oktober '78

Na, wie *kann* sie denn wissen, daß ihm nichts Schlimmes passiert ist? *Ich* muß es doch schließlich am besten wissen, da ich das Buch vom Morgen bis zur Nacht vor mir habe und es *Stunden um Stunden* mit tränenfeuchten Augen betrachte? Überhaupt hat es Verschiedenes gegeben, was ich nicht einmal erwähnt habe, zum Beispiel die vielen Käfer, die zwischen den Blättern zerdrückt worden sind. Und wenn *ich* mit ›Dein Dich liebender‹ unterschreibe, steigst *Du* eine Stufe herab und sagst ›herzlich Deine‹. Nun gut, dann steige *ich noch eine* Stufe herab und unterzeichne ›hochachtungsvoll‹

Lewis Carroll.

An Agnes Hull

Christ Church, Oxford,
16. November 1878

Meine liebe Agnes,
(Ich schrieb dies um zehn Uhr, und jetzt ist es halb drei. Als ich noch beim Schreiben war, klopfte es an die Tür, und ein traten zwei Kornetts. Das ist ein Wort, das Du Jessie wirst erklären müssen: zweifellos wird sie denken, es heißt ›Korn-Netz‹, das heißt, ein Netz, um Korn damit zu fangen. Aber *dazu* brauche ich nicht erst ein Netz: ich könnte das leicht mit den Händen tun, wenn ich wollte: aber wozu soll ich überhaupt Korn fangen gehn? Ich wüßte nichts damit *an*zufangen, wenn ich es in mein Netz *ein*gefangen hätte. Also es war überhaupt kein *Netz* (sag ihr das), sondern es waren zwei lebendige Männer, die

man mit Herr anreden muß – ›Herr wie-heißt-er-doch-gleich Dingsbums‹ und noch einmal so ähnlich – (nicht daß sie *wirklich* so hießen, weißt Du). Seit etwa 10 jedenfalls habe ich gegessen und Stunden gegeben (manchmal das eine, manchmal das andere) bis jetzt.)

Was Dein Buch betrifft, weißt Du nicht, was für eine nützliche Tugend die *Geduld* ist? Die solltest Du eigentlich dem schmerzlich kleinen Vorrat an Tugenden hinzufügen, die augenblicklich in Deinem Besitz sind – (Dein Charakter setzt sich, *im Augenblick*, nur aus zwei Dingen zusammen – Falschheit und schlechter Laune, mit ein *paar* Körnchen Habsucht vielleicht). Das Buch ist von den toten Käfern wirklich so entstellt, daß ich es unmöglich schicken kann, bevor es nicht in der Wäscherei gewesen ist (und ich habe bis jetzt noch keine gefunden, die es waschen kann: das braucht eine Wäscherei, die *Buch*-Musselin in die Reihe bringt). – Außerdem habe ich nur *ein* neues Rätsel erfunden: ›Warum ist Agnes wie ein Thermometer?‹ ›Weil sie nicht steigt, wenn es kalt ist (aus dem Bett nämlich)‹ – und das willst Du vielleicht lieber nicht im Buch haben. Sag Deiner Mutter, daß ich ihr sehr danke für die Photographien von Eveline und Jessie. Schick mir Namen und Adresse von dem verkrüppelten Jungen, und ich schicke ihm dann die ›Ostergrüße‹.

Dein Dich liebender Freund
C. L. Dodgson

An Helen Feilden
Christ Church, Oxford,
1. Dezember 1878

Meine liebe Helen,
...

Das Autogramm, das ich (wie Du weißt) für Dich besorgen wollte, ist *nicht* eingetroffen – warum, weiß ich nicht. Ob der Grund der ist, daß Marion Terry grundsätzlich ungern Autogramme gibt, oder ob sie Dich (was in geringem Maße möglich ist) bei einem zufälligen Straßenauflauf gesehen (und nicht gemocht) hat oder Dich gar (was entfernt wahrscheinlich ist) in der Gesellschaft getroffen hat und Dir dort (was leicht glaubhaft ist) vorgestellt wurde, wobei sie ihr Inkognito unter einem ausgedachten Namen wahrte, und dabei (was durchaus denkbar ist), soweit es die Zeit erlaubte, Dein Gemüt und Deinen Charakter analysiert hat und zu dem Schluß gekommen ist (was kaum zweifelhaft ist), daß diese nicht derart sind, daß *sie* sie billigen oder auch nur tolerieren könnte, und schließlich (was moralisch sicher ist) einen tiefgegründeten Widerwillen gegen Dich und alle deinesgleichen gefaßt hat – in beiden Fällen ist ihr Verhalten hinreichend erklärt. Doch muß ich zugeben, daß die zweite Erklärung sich in weitem Maße auf Vermutungen stützt. In dieser ganzen Ungewißheit ist nur eines gewiß: ich bin, wie stets,

Herzlich Dein
C. L. Dodgson

An Agnes Hull

Christ Church, Oxford,
21. Dezember 1878

Meine liebste Agnes,
Weißt Du, das sieht fast so aus, als ob Du Dich von Deiner schlechten Laune erholen würdest. Das wäre eine seltsame Sache, und nicht *ganz* etwas, das man sich wünschen sollte – wenn man bedenkt, was für eine böse schlechte Laune es ist, gerade wenn sie erholt ist. Es ist eine jener Launen, von denen man, ob man will oder nicht, sagt: »Na! Je eher sie verloren und vorbei ist, desto besser!«

Ich hab der alten Fehlerliese geschrieben und ihr gesagt, daß sie Deinen Namen falsch ausspricht – daß er sich nicht auf ›Bangnis‹ reimt, sondern auf ›Baronesse‹. Und sie sagt, »Ist doch klar, daß ich ihn falsch ausspreche! Ich wär ja keine Fehlerliese, wenn ich nichts falsch machte!« Doch sie sagte, sie wird Dir ein ›Gebiß‹ schenken (wieder ein Reim auf -is), und das würde Dir gute Dienste tun bei dieser Kälte, wo man mit den Zähnen klappert, bis sie herausfallen.

Ein neues Rätsel:
»Warum weiß Agnes mehr über Insekten als die meisten Leute?«
»Weil sie tief in der Käferlehre steckt.«

Dein Dich liebender Freund

An Agnes Hull

> The Chestnuts, Guildford,
> 26. Dezember 1878

Meine liebe Agnes,
Vor ein paar Tagen habe ich Dir ein Rätsel geschickt, mit einer dieser Scheinantworten (ich meine eine Antwort, die die richtige Antwort in sich trägt), und ich glaube, es ist jetzt an der Zeit, Dir die ganze Antwort zu schikken.

»Warum weiß Agnes mehr über Insekten als die meisten Leute?«

»Weil *sie* so tief in der Käferlehre steckt.«

Natürlich weißt Du, daß ›sie‹ ›*elle*‹ heißt? (Wenn Du das nicht weißt, was nützt es dann, daß Du Französisch hast?) »Na gut!« wirst Du sagen, »und warum steckt ›elle‹ tief in der Käferlehre?« Oh Agnes, Agnes! Kannst Du nicht buchstabieren? Weißt Du nicht, daß ›L‹ der sechste Buchstabe von ›Käferlehre‹ ist? Fast genau in der Mitte des Wortes: es könnte nicht gut tiefer drinstecken. Ich hoffe, die Photos von Dir im Strandgewand sind gut angekommen.

> Dein Dich liebender Freund
> Lewis Carroll.

An Mary Parish

13. Februar 1879

Meine liebe May,
Du wirst mich für sehr unverfroren halten, nicht nur weil ich Dich mit einem weiteren Satz dieser Regeln belästige, sondern weil ich sie auch noch beim Schreiben verwende, wo ich Dich doch kaum auch nur so gut kenne, daß ich Dich ansprüche! Aber ich habe Dich, in gewisser Weise, seit langem vom Sehen gekannt. Ich sage »in gewisser Weise«, weil es nur aus der Ferne war, denn als ich Dich aus der Nähe sah, war es kaum dasselbe Kind. Aus der Ferne hatte ich nämlich die Vorstellung, die Gesichtszüge wären in einer bestimmten Reihenfolge angeordnet: also war ich natürlich überrascht, als ich Dich aus der Nähe sah und merkte, daß die Nase *unter* den Augen angebracht war und der Mund *noch tiefer*. »Die Ferne leiht dem Anblick einen Zauber«, wie der Dichter sagt.

Aber trotzdem kannte ich Dich, mehr oder weniger, vom Sehen: und ich sagte zu meinen Schwestern, »Ich möchte May Parish gerne kennenlernen«, und sie sagten, »Sie ist stolz« oder »Sie ist schlecht gelaunt« oder sonst etwas in der Art, bloß, um mich abzuhalten, siehst Du. Aber das machte die Sache nur noch schlimmer. Denn die Eigenschaften, die ich bei Kindern am liebsten habe, sind 1. Stolz, 2. schlechte Laune, 3. Faulheit und Verschlagenheit (diese beiden gehen am besten immer zusammen: sie werfen ein so gutes Licht aufeinander). Der Grund, weshalb ich die Haydons nicht ausstehen kann, ist, daß sie nicht das kleinste Fünkchen dieser Eigenschaften besitzen! Dämliche kleine Dinger!

19. Alice Jane Donkin (›Die Flucht‹)

Ich frage mich, ob ich Dich *sehr* beleidige, wenn ich unterschreibe als
>Dein Dich herzlich liebender
>Lewis Carroll?

An Agnes Hull
>Christ Church, Oxford
>5. März 1879

Meine liebste Agnes,
Was nützt's, wenn ich Dir das Buch schon zurückschicke? Ich hab nichts weiter hineingeschrieben. Ich erfinde immer mehr neue Rätsel, doch wenn ich das Buch aufmache, um sie hineinzuschreiben, finde ich, daß sie schon erfunden worden sind, und da stehen sie und schauen mir ins Gesicht – so groß wie das Leben – größer als das Leben – am größten als das Leben – so groß, daß sie aus dem Buch springen, im Moment, wo ich es öffne, und auf eigne Rechnung ein Geschäft aufmachen. Das Buch ist jetzt so gut wie leer, so viele Rätsel sind auf die Art ausgetreten. Sie sind alle nach London gelaufen: Du kannst sie leicht erkennen, wenn Du dort durch die Straßen spazierst: sie haben sich alle den Namen ›Schmidt‹ zugelegt und handeln hauptsächlich in ›Tee, Kaffee, Pfeffer, Tabak und Schnupftabak: Verzehr an Ort und Stelle‹. Ich schicke Dir eine gewisse Anzahl beste Grüße, und eine gewisse Anzahl zweite Wahl, die Du nach bestem Wissen und Gewissen verteilen kannst. Doch nur an solche, die *mich* lieben.
>Dein Dich liebender Freund
>C. L. Dodgson.

An May Forshall

Christ Church, Oxford 60
6. März 1879

Meine liebe May,
Machst Du gern Spiele? Oder ist Deine Vorstellung vom Leben: ›Frühstücken, lernen, Mittag essen, lernen, Tee trinken, lernen, zu Bett gehen, lernen, frühstücken, lernen‹ und so fort? Das ist eine sehr solide Lebensweise und fast so interessant, wie wenn man eine Nähmaschine oder eine Kaffeemühle wäre. (Übrigens ist das eine sehr interessante Frage – bitte beantworte sie – was wärst Du am liebsten von diesen beiden Dingen?) Um wieder zum Thema zu kommen: *wenn* Du gern Spiele machst, möchtest Du einmal sehen, ob Dir mein neues Spiel ›Lanrick‹ gefällt? Ich habe ungefähr zwei Monate daran herumerfunden, und die Regeln sind fast so oft geändert worden, wie Du Deine Meinung bei Tisch änderst, wenn Du sagst, ›Ich will erst Fleisch und dann Pudding – nein, ich will erst Pudding und dann Fleisch – nein, ich will beides zugleich – nein, ich will überhaupt nichts.‹ Um wieder zum Thema zu kommen: wenn Dir etwas einfällt, wie man die Regeln noch etwas aufmöbeln könnte, sag es mir bitte.

Weißt Du, wie man Kinder aufmöbelt? Man *ver*möbelt sie am besten. Von Mr. Sampson *nicht* alles Liebe: um die Wahrheit zu sagen, ich habe ihn gar nicht erst gefragt: um die Wahrheit zu sagen, er könnte ja vielleicht nicht wollen, und da wäre es doch äußerst peinlich für ihn, wenn ich ihn fragte, und er hätte nun gerade nichts als Haß zur Hand. Meinst Du nicht, es ist am sichersten, ihm erst gar nichts zu sagen? Um wieder zum Thema zu kommen: weißt Du, wo das Motto über ›Lanrick‹ herstammt?*

> Herzlichst Dein Freund
> C. L. Dodgson.

An Edith Jebb

> Christ Church, Oxford
> 5. Juni 1879

Meine liebe Edith,
Ich bin nun schon sehr lange – möglicherweise Jahre, wahrscheinlich Monate, bestimmt Wochen – völlig im unklaren darüber, wie ich mit Deiner Seite unserer Brieffreundschaft in Verbindung kommen könnte – ›Firbeck Hall‹ war alles, was ich wußte, und daß die in England lag, glaubte ich auch, aber ich bezweifelte, daß dies als Adresse Dich finden würde. Schließlich sprach einer jener glücklichen Gedanken, wie sie nur einem großen Genie, wie mir, begegnen, und auch das nur ein oder zweimal im Jahrhundert: ›Schreibe an ihre alte Adresse. Der neue Rektor wird wissen, wo sie sind.‹ Ich tat's, der neue Rektor wußte, und, was mehr ist, er sagte es mir.

Dies also, um erneut in Verhandlungen einzutreten. Das Rätsel wird für Dich sehr beruhigend sein – das, was die Ärzte ›Alterativ‹ nennen, d. h. falls Du zufällig Kopfschmerzen hast, wird es sie hinwegzaubern! Hast Du aber keine, wird es Dir wahrscheinlich welche verschaffen.

---

* Aus Scotts *Lady of the Lake* (›The muster-place be Lanrick mead‹).

Mit freundlichen Grüßen an Deine Seite unserer Brieffreundschaft, verbleibe ich,
\
herzlich Dein C. L. Dodgson.

P.S. Ich habe das Gefühl, daß ich mir zu Beginn und am Schluß dieses Briefes ein gewisses Maß an Freiheit, um nicht zu sagen an Frechheit, herausgenommen habe. Folglich steht, des bin ich sicher, ein gewisses Maß an Würde, um nicht zu sagen Steifheit, in gleich welcher Erwiderung, die Du zu schicken die Güte haben magst, zu erwarten.

An Agnes Hull

The Chestnuts, Guildford,
30. September 1879

Mein Liebling Agnes,
(Bitte mach Dir nichts draus, wenn ich so anfange. An *mich* kannst Du anfangen, wie Du willst.) Ich glaube, ich kann diese Karte* ruhig nach Eastbourne schicken, denn, auch wenn Du morgen nach London fährst, wird sie Dich rechtzeitig einholen.

So wirst Du genug Zeit haben, sie zu lesen und Dich an ihr zu weiden. Und wenn Evie das ›4-7‹ liest, wird sie in die Hände klatschen und rufen: ›Ah! Die glücklichsten Jahre meiner Kindheit!‹ Und wenn Alice es liest, wird sie sagen: ›Das Verhältnis von 4 zu 7 ist die Zahl, die angibt,

---

* Vermutlich eine Theaterkarte, da Dodgson am 4. Oktober die drei Hull-Schwestern Alice, Agnes und Evie in London ins Theater führte. Möglicherweise war auf die Karte die Dauer der Vorstellung aufgedruckt: 4-7.

welches Vielfache, oder welcher Bruch, 4 von 7 ist.‹ Und wenn *Du* es liest, wirst *Du* sagen: ›Genau die kurze Zeit am Tag, wenn wir Herrn Dodgson wirklich *los* sind. Er macht hier immer herum bis etwa 4: und dann gegen 7 kommt er wieder und schlägt Devonshire Park oder einen ähnlichen Quatsch vor!‹

So wird die Karte den zerbrechlichen Organen, die Ihr Euren ›Verstand‹ nennt, genug zu schaffen machen.

Alles Liebe an Evie und Jessie (ich weiß nicht, was ich Alice schicken soll – schau mal, ob sie ›herzliche Grüße‹ ertragen kann), und ich bin

               Dein Dich stets liebender Freund
                       C. L. Dodgson.

An Kathleen Eschwege

                            Christ Church, Oxford
                            24. Oktober 1879

Meine liebe Kathleen,
Ich habe mich wirklich sehr über Deinen Brief gefreut, denn ich hatte schon vermutet, ich würde Dich nie mehr sehen oder von Dir hören. Weißt Du, ich kannte ja nur Deinen Vornamen – nicht auch nur das Gespenst eines Nachnamens oder den Schatten einer Adresse – und ich war nicht gewillt, mein ganzes Geld in Annoncen anzulegen – ›Falls das junge Fräulein, das mit der Eisenbahnlinie G. W. fuhr, & c.‹ – oder für den Rest meines Lebens herumzulaufen mit ›Kathleen‹ auf den Lippen, wie die junge Frau, die aus einem fremden Land kam und ihren Liebsten suchte, aber nur wußte, daß er ›Edward‹ hieß (oder hieß er ›Richard‹? Ich hoffe doch, daß Du Dich in

20. *Grace Denman*

Geschichte besser auskennst als ich) und daß er in England lebte; das hat sie natürlich einige Zeit gekostet, bis sie ihn fand. Alles, was ich wußte, war, daß *Du*, wenn Du wolltest, mir über Macmillan schreiben könntest; aber es ist drei Monate her, seit wir uns kennenlernten, und deshalb habe ich *nichts* mehr erwartet, und die Überraschung war groß.

So hoffe ich nun, daß ich Dich zu meinen Kinderfreunden zählen darf. Ich liebe Kinder (abgesehen von Jungen) und habe mehr Kinderfreunde als ich an meinen Fingern aufzählen könnte, und wäre ich ein Tausendfüßler (übrigens, *haben* die eigentlich Finger? Ich fürchte, die haben bloß Füße, aber natürlich benutzen sie die wie wir die Finger, und das ist der Grund, weshalb kein anderes Insekt, *nur der Tausendfüßler*, das *große Einmaleins* rechnen kann), und ein paar habe ich, die nicht sehr weit von Dir wohnen – eine Freundin in Beckenham, zwei in Balham, zwei in Herne Hill, eine in Peckham – es besteht also durchaus die Chance, daß ich irgendwo in Deiner Nähe sein werde *vor dem Jahre 1979*. Wenn ja, darf ich vorbeischauen? Es tut mir sehr leid, daß es Deinem Hals nicht besser geht, und ich wünschte, man würde Dich nach Margate bringen: die Luft von Margate kuriert *alles* von *jedem*.

Offenbar hast Du meine beiden Bücher über Alice schon. Hast Du auch ›Die Jagd nach dem Schnark‹? Wenn nicht, würde ich es Dir gerne schicken. Die Bilder (von Mr. Holiday) sind hübsch: und die Verse brauchst Du nicht zu lesen, wenn Du nicht magst.

Wie wird Dein Nachname ausgesprochen? ›esk-weej?‹ oder wie? Ist das ein deutscher Name?

Wenn Du das Spiel ›Doublets‹ kannst: wie viele Wörter würdest Du brauchen, um von KATH bis LEEN zu kommen?*

Mit freundlichen Empfehlungen an Deine Mutter verbleibe ich herzlichst Dein Freund
Charles L. Dodgson)
(alias ›Lewis Carroll‹)

An Agnes Hull

Christ Church, Oxford
26. November 1879

Mein Liebling,
Du bist sehr grausam. Ich war sehr erfreut über den Anfang Deines Briefes, und dann hast Du mir fast die ganze Freude genommen, als Du sagtest, Du seist nur deshalb so glücklich, weil ich Dich ins Lyzeum-Theater mitnehmen würde. Solches Glück kümmert mich überhaupt nicht. Liegt Dir an der Zuneigung einer Katze, die nur so lange schnurrt und sich an Dir reibt, wie sie glaubt, daß Sahne im Schrank ist?

Schreib also bitte das nächste Mal so, wie Du's tätest, wenn kein Theater wäre. Und bitte komm am Nachmittag des 20. Dezember mit mir ins Theater, da es sich merkwürdigerweise so fügt, daß ich für dann zwei Karten habe, und ich habe überlegt und überlegt, wem ich die andere Karte anbieten könnte. Ich werde an dem Tag auf

---

* Zwei Vorschläge sind gemacht worden:
KATH bath bats bets bees been LEEN
KATH path pats pets lets lees LEEN
(*The Letters of Lewis Carroll*, ed. M. N. Cohen, I, 351)

dem Rückweg von Hatfield nach Guildford sein, deshalb darfst Du Dich nicht daran stoßen, wenn mein Benehmen zuerst ein wenig großspurig sein wird: ich werde nämlich direkt aus der Gesellschaft von Grafen und Gräfinnen kommen, was kann ich also dazu, wenn ich ein Kind ohne Titel verachte? Aber es wird schon bald vergehen, und meine Nase wird sich wieder auf die übliche Höhe hinabsenken. Ich hoffe, Du wirst nicht zuviel Angst ausstehen, wenn Du ohne Alice kommst: ich bringe ein bißchen Heu mit, das kannst Du mampfen, wenn Du Dich schwach fühlst. Liebe und Küsse ohne Ende für Evie und Jessie. Es tut mir leid, aber es hat keinen Sinn zu sagen: ›und dasselbe für Dich‹, denn, wenn ich nie aufhöre, *sie* zu küssen, wie in der Welt kann ich dann mit *Dir* überhaupt anfangen?

    Dein Dich stets liebender Freund
        Lewis Carroll.

An Edith Blakemore
        Christ Church, Oxford,
        30. November 1879

Meine liebe Edith,
Für was für einen Faulpelz mußt Du mich halten, daß ich so lange brauche, Dir die Photographien zu schicken! Aber in Wirklichkeit bin ich *schrecklich* beschäftigt gewesen und habe *Berge* von Briefen schreiben müssen – beinah Gebirge. Und das macht mich so müde, daß ich im allgemeinen eine Minute, nachdem ich aufgestanden bin, wieder ins Bett gehe: und manchmal gehe ich eine Minute, *bevor* ich aufgestanden bin, wieder ins Bett! Hast

Du schon einmal von jemandem gehört, der *so* müde ist?

Hab keine Angst, daß Du mir hierauf antworten müßtest: Du hast Dich ja schon vorneweg für das Bild bedankt.

Herzlich Dein Freund
C. L. Dodgson

An Agnes Hull

Christ Church, Oxford
18. Dezember 1879

Mein Liebling Aggie,
(Ich bemerke eine Abkühlung Deiner Zuneigung in *Deinem* Briefe, werde aber diesen Wink mit dem Zaunpfahl nicht zur Notiz nehmen!) Also wirklich, Du mußt nicht anfangen zu glauben, alle meine Briefe wären ernst gemeint, sonst werde ich so eingeschüchtert, daß ich es gar nicht mehr wage, Dir zu schreiben: als ich sagte, ich dächte, Evie sei böse, weil ich sie nicht in die *Madame Favart* mitnehmen wollte, habe ich natürlich nur Unsinn geredet. Ich habe so eine Art. Und Du denkst also, daß

wir uns *bald* sehen werden? Und daß für weitere Briefe keine Zeit mehr ist? Mir kommt es noch ganz ganz lang vor! Stunden und Stunden: mindestens 30 oder 40. Und ich meine, da ist noch viel Zeit für *fünfzehn* weitere Briefe – heute 4, morgen 8, und 3 am Samstagmorgen. Dir wird das Klopfen des Postboten so vertraut werden, daß Du schließlich nur noch sagst – »Ach, *noch* ein Brief von Mr. Dodgson natürlich!« Und wenn das Mädchen ihn hereinbringt, wirst Du nur sagen: »Hab zum Lesen keine Zeit: werfen Sie ihn ins Feuer!«

Alles Liebe an Alice, und sag ihr, sie soll wegen des Examens nicht nervös sein. Bei den Oxforder Examen stellen sich die besten Kandidaten immer vor, sie würden durchfallen, und dabei gehen sie aus den Prüfungen schließlich bekränzt hervor – mit den schönsten Girlanden aus Blumenkohl. Und sie mit Sicherheit auch.

Aber ich muß *diesen* Brief abbrechen, sonst habe ich nicht mehr genug Zeit für meine anderen 4 Briefe an Dich heute.

Dein Dich liebender Freund
C. L. D.

Alles Liebe an

An Adelaide Paine
                           Christ Church, Oxford,
                           8. März 1880

Meine liebe Ada,
(Ist das nicht die Abkürzung Deines Namens? ›Adelaide‹ ist ja sehr schön, aber siehst Du, wenn man schrecklich beschäftigt ist, hat man nicht die Zeit, so lange Wörter zu schreiben – besonders, wenn man eine halbe Stunde braucht, um sich zu erinnern, wie man ihn buchstabiert – und selbst dann muß man sich ein Wörterbuch holen, um zu sehen, ob man ihn richtig buchstabiert hat, und natürlich steht das Wörterbuch in einem andern Zimmer, im obersten Fach eines hohen Regals – wo es Wochen und Monate gestanden hat und ganz eingestaubt ist – also muß man zuallererst ein Staubtuch holen und erstickt fast beim Abstauben – und wenn man endlich herausgekriegt hat, welches das Wörterbuch ist und welches der Staub, selbst dann hat man die Mühe, sich zu erinnern, an welchem Ende des Alphabets das ›A‹ steht – denn man ist sich ziemlich sicher, daß es nicht in der Mitte steht – dann muß man sich die Hände waschen gehn, bevor man die Seiten umblättert – denn die Hände sind so dick eingestaubt, daß man sie kaum auf den ersten Blick erkennt – und höchstwahrscheinlich ist keine Seife da, und der Krug ist leer, und es ist kein Handtuch da, und man braucht Stunden um Stunden, um alles zu finden – und vielleicht muß man schließlich in den Laden gehen und ein neues Stück Seife kaufen – also, wo das so mühsam ist, wirst Du mir hoffentlich nicht böse sein, wenn ich ihn abkürze und sage, ›Meine liebe Ada‹.) Du hast in Deinem letzten Brief gesagt, Du hättest gerne etwas, was mir ähn-

lich sieht: hier ist es also, und ich hoffe, daß es Dir gefällt – ich werde nicht vergessen, Dich zu besuchen, wenn ich das übernächste Mal in Wallington bin.

>Sehr herzlich Dein Freund
>Lewis Carroll.

An Evelyn Dubourg

5. Juli 1880

Also A.-A. ist Zwang? Na schön. Es ist nicht der erste A.-A., den ich kenne, der sich so bezeichnen läßt. Aber warum ›natürlich‹? Gibt es *keine* Ausnahmen? Wenn man nun schon zu einer Morgengesellschaft im Abend-Anzug geht (was man nämlich tut), warum denn dann nicht zu einer Abendgesellschaft im Morgen-Anzug?

Ich bin jedenfalls dieses Jahr zu *drei* Abendgesellschaften eingeladen gewesen, wo jedesmal ›Morgen-Anzug‹ vorgeschrieben war.

Und wenn Du einmal einen gelehrten Herrn, einen Magister Artium, zum Essen einlädst – auf morgens, mittags *oder* abends –, schreibst Du doch immer ›Morgen-Anzug‹ hinter seinen Namen, oder? (Ich gebe zu, daß Du in *diesem* Falle nur die Anfangsbuchstaben davon schreibst. Und vielleicht wirst Du einwenden, M. A. sei nicht die Abkürzung von ›Morgen-Anzug‹? Dann laß Dich einmal von jemandem einweihen in die Anfangsgründe des Abkürzens!)

Ja, und viele viele Male hat man mir Einladungen zu Abendgesellschaften geschickt, auf denen sogar die *Farben* des erwarteten Morgen-Anzugs angegeben waren!

Zum Beispiel: ›umbra Achselstücke, Weste grün‹. Das ist eine *sehr* gebräuchliche Form, obwohl man das üblicherweise (ich gebe es zu) nur mit den Anfangsbuchstaben ausdrückt.

Aber ich verschone Dich mit weiterem. Zweifelsohne schämst Du Dich inzwischen schon genug wegen Deiner allzu klotzigen Behauptung und möchtest Dich dringend

entschuldigen. Sagst Du jetzt, Du wüßtest nicht, wie man sich entschuldigt, und daß Damen sich bei Herren niemals entschuldigen? Dann laß Dich einmal von jemandem einweihen in die Anfangsgründe des Benimms!
                    Herzlichst
                    Dein Lewis Carroll.

P.S. Du fragst, ›Welche Morgengesellschaften besuchen Sie denn im Abend-Anzug?‹ Ich antworte: ›Bälle‹. Da sagst Du wieder, ›Bei Bällen kann man doch wohl nicht von morgens reden!‹ Ich antworte: ›Und ob!‹

An Agnes Hull
>7 Lushington Road, Eastbourne
>25. Juli 1880

Mein Liebling Aggie,
worauf ich Dich vor allem aufmerksam machen möchte (falls ich Dich überhaupt auf etwas aufmerksam machen kann! Ausgesprochen schwer!), ist die *friedliche Stille* meines Lebens hier – keine Scharen wilder Kinder, die vorüberstürmen und auf die Ohren eines armen alten kranken Mannes (das bin ich) einhämmern mit den Schreien, mit denen sie (das seid ihr) die Luft zerreißen. »Schreie?« sagst Du? Du kannst von Glück sagen, daß ich nicht »Gebrüll« geschrieben habe. »Die Luft *zerreißen*?«, sagst Du. Du kannst von Glück sagen, daß ich nicht *verpesten* geschrieben habe. Doch ach! Wie ganz anders wird das alles in zwei Wochen sein!

Alles Liebe an diejenigen Deiner Schwestern, deren Namen auf Konsonanten ausgehen,
herzlichst Dein
C. L. D.

P.S.
Ein paar Häuser weiter wohnt eine sehr nette Familie, mit der ich mich angefreundet habe – genau wie ich sie mag – fast alles Buben. Es gibt nur ein Mädchen, das zweitälteste Kind, Amy. Der älteste ist fast erwachsen: sie nennen ihn »Alick«, die anderen heißen George, Eli (ist das nicht ein komischer Name?) und den Namen des jüngsten habe ich vergessen. Ich höre, daß George ein schrecklich unruhiger Bursche ist – steht auf, bevor man ihn weckt. Manchmal steht er 23 Stunden zu früh auf! Aber ich mag ihn trotzdem.

21. *Ella Monier-Williams*

An Agnes Hull

Christ Church, Oxford
30. April 1881

Verhaßte Spinne,
(Du hast völlig recht. Es kommt *kein* bißchen darauf an, wie man einen Brief anfängt, auch nicht, wie man fortfährt, und sogar nicht einmal, wie man ihn aufhört – – und es wird, nach einer Weile, schrecklich leicht, kühl zu schreiben – leichter, möglicherweise, als warm und herzlich. Zum Beispiel habe ich an den Dekan wegen irgendeiner Universitätssache geschrieben und den Brief mit ›Obskures Animalculum‹ angefangen, und er ist närrisch genug, so zu tun, als sei er böse darüber, und zu sagen, das sei kein angemessener Stil, und er werde dem Vizekanzler den Vorschlag unterbreiten, mich aus der Universität entfernen zu lassen: und das ist alles Dein Fehler!) Nein, ich fürchte, ich wag es nicht, das wertvolle Buch in Euer Haus zu schicken: es war nur mir und meiner Kusine ausgeliehen. Doch ich werde es, oder eine Abschrift davon, in Eastbourne bestimmt bei mir haben, und dann, an den Tagen, wo Du einfach so hereingeschneit kommst (ich glaube, ich sehe es Dich schon tun!), bloß um Deinen Spaß mit meinen Büchern oder Photographien oder meiner Spieldose zu haben, während ich mit meiner Arbeit fortfahre, doch trotzdem ein Auge auf *Dich* habe, damit Du mir kein Unheil anrichtest – schön und gut, dann hab ich nichts dagegen, wenn Du ein paar Zeilen darin liest, mit *einem* Auge, während Dein anderes Auge die ganze Zeit in Dankbarkeit *mir* entgegenstrahlt. [. . .]
    Und so leb wohl.
Stets voll Verachtung Dein C. L. D.

An Marion Richards

>Christ Church, Oxford,
>26. Okt. 1881

Mein liebes kleines Mädchen,
(Na! Ich habe, glaube ich, noch nie einen Brief so angefangen – mein ganzes Leben nicht.

Marion: »Und Du solltest lieber keinen zweiten so anfangen: es wäre viel hübscher, ›Marion‹ hinzuschreiben als ›Mädchen‹.«

Ich: »Das glaube ich nicht: es reimt sich auf ›Fädchen‹ und ›Rädchen‹, und das andere reimt sich bloß auf ›Libanon‹!«

 Aber natürlich werde ich das bald ändern müssen: weißt Du, unsre Freundschaft begann so *furchtbar* schnell – ganz gefährlich, es kam so plötzlich, fast wie ein Eisenbahnunglück – daß es ziemlich sicher ist, sie wird auch ebenso plötzlich wieder aufhören. Vermutlich werden wir nächstes Jahr soweit sein, daß wir uns die Hand schütteln können, und das Jahr danach werden wir uns bereits voreinander verbeugen, falls wir uns zufällig einmal vis-à-vis auf der Straße begegnen –.)

Bitte glaub nicht, daß ich anfange, Dich zu vergessen, weil ich ein so fauler Briefschreiber bin: doch ach! Ich hab so *schrecklich* viel zu tun! Bei dem Unterrichten, und Aufgaben durchsehen, und Vorlesungssachen schreiben, und Briefe – da gerate ich manchmal so durcheinander, daß ich kaum weiß, wer ich bin, und wer das Tintenfaß. Hab Mitleid mit mir, mein liebes Kind! Das Durcheinander im *Hirn* ist nicht besonders schlimm – doch wenn's so weit kommt, daß man Butterbrote und Orangenmarmelade ins Tintenfaß steckt, und dann die Federn in sich selber tunkt, und sich selber mit Tinte füllt, na weißt Du, das ist schon gräßlich! Und doch, beschäftigt wie ich bin, habe ich ein paar von diesen ›Lanrick‹-Regeln drucken lassen und schicke Dir 4. Eine ist für Dich, und die andern 3 kannst Du 4 Freunden weitergeben. Einer meiner Schüler in diesem Semester ist ein wirklicher Neger, mit einem kohlpechrabenschwarzen Gesicht und Kräuselwolle als Haar – ich habe ein Etikett auf den Kohleneimer kleben müssen und eins auf den Neger: auf dem einen steht DAS IST DER KOHLENEIMER und auf dem anderen DAS IST ER, damit ich weiß, wer wer ist –.

Deiner Mutter vielen Dank für Brief und Prospekt: und ich werde ihr eines Jahres schreiben. Stets Dein Dich
liebender Freund
C. L. Dodgson.

An Frances Hardman

Christ Church, Oxford
19. Dezember 1881

Meine *liebe* Frances,
Nachdem bittere (o wie bittere!) Erfahrung mich gelehrt hat, daß eine *Antwort von* Dir stets als eine neue *Frage* anzusehen ist, die eine Antwort heischt, welche wiederum von Dir im selben Licht gesehen wird, so daß jeder elende Sterbliche, der so unvorsichtig gewesen ist, sich auf eine Korrespondenz mit Dir einzulassen, wie tief er auch mit wichtigen geschäftlichen Transaktionen beschäftigt war, wie überwältigt von drängenden Verpflichtungen anderen Korrespondenten gegenüber, wie in Anspruch genommen von peinigenden oder ausladenden gedanklichen Problemen und wie begierig, aus all den genannten Gründen, auf die artigste Art und Weise, die die Umstände verstatten, einen Briefwechsel zu Ende zu bringen, dessen Fortführung für ihn beschwerlich und sogar peinsam geworden ist, sich, ob er will oder nicht, genötigt fühlt, einen großen Teil jeden zweiten Tages damit zuzubringen, Dir eine jener fragwürdigen Antworten oder beantwortbaren Fragen, was immer der richtige Ausdruck ist, zukommen zu lassen, stelle ich fest, daß mir nur noch Raum bleibt zu sagen, daß Deine Lösung der 3 Brücken stimmt; und daß es mich schmerzt, wenn ich denke, daß alle Zuneigung zu mir in dem Herzen der 3 jungen Persönchen, die ich *einst* Freundinnen nannte, sich in *Luft* aufgelöst hat! (Wasser kocht bei 100 Grad, bei höherer Temperatur wird es *Dampf*!)

Ganz herzlich
Dein C. L. D.

An Edith Blakemore

Christ Church, Oxford
27. Januar 1882

Meine liebe Edith,
Vielen Dank für Deinen Brief, den gemalten Krokus und das Papiergestell. Es tut mir sehr leid, daß es Deinem Vater nicht besser geht: und wenn der Sommer kommt, wäre es, glaube ich, gut, wenn er von Dir den Rat bekäme (Du weißt, wie sehr er von Deinem Rat abhängig ist), nach Eastbourne zu fahren. Dann werde ich manchmal das Vergnügen haben, Dich zu sehen, mit meinem Opernstecher, am anderen Ende des Strands: und ich werde sagen können: »Da steht Edith: ich kann *sie* sehen: doch ich will nur wieder nach Hause gehen, falls sie in meine Richtung blickt, aus Angst, daß sie *mich* sieht.« Und was glaubst Du wohl, was ich zum Geburtstag bekomme? Einen ganzen Plumpudding! Er wird etwa so groß sein, daß vier Personen ihn essen müßten: und ich werde ihn in meinem Zimmer essen, ganz alleine! Der Doktor sagt, er fürchtet, daß ich krank werde. Doch ich sage dann einfach: »Unsinn!«

                Dein Dich liebender Freund
                        C. L. Dodgson

An Florence Balfour

Christ Church, Oxford,
10. Februar 1882

Meine liebe Birdie,
Was die alte Dame empfindet, wenn sie, nachdem sie ihren Kanarienvogel gefüttert hat und spazierengegangen ist, bei der Rückkehr den Käfig mit einem lebendigen Truthahn zum Platzen voll findet, oder der alte Herr, der, nachdem er über Nacht seinen kleinen Terrier an die Kette gelegt hat, ein Nilpferd findet, das um die Hundehütte herumschnaubt – derart sind meine Gefühle, wenn ich mich an ein kleines Kind zu erinnern versuche, das im Meer bei Sandown geplanscht hat, und mich nun der erstaunlichen Photographie dieses selben Mikrokosmos gegenübersehe, der sich inzwischen zu einer großen jungen Person ausgedehnt hat, die auch nur anzusehen ich zu schüchtern wäre, selbst durch das Teleskop, welches zweifelsohne notwendig wäre, um sich einen genauen Begriff von ihrem Lächeln zu machen, oder um sich zumindest zu überzeugen, ob sie Augenbrauen hat oder nicht!

Puh! Dieser lange Satz hat mich erschöpft, und ich habe nur noch Kraft zu sagen, ›Sehr herzlichen Dank für die beiden Photographien‹ – die sind schrecklich ähnlich! Wirst Du im nächsten Sommer in Sandown sein? Es ist gut möglich, daß ich für zwei oder drei Tage einen Abstecher dorthin machen werde; aber Eastbourne ist jetzt immer mein Hauptquartier.

Sei herzlich gegrüßt von Deinem
C. L. Dodgson.

22. Die Ellis-Kinder als ›Bettlermädchen‹
(darunter Dymphna und Mary)

An Edith Blakemore

> Christ Church, Oxford
> 7. November 1882

Meine liebe Edith,
Wie oft mußt Du Dich nicht in Verlegenheit befinden, weil Dir eine Nadel fehlt! Zum Beispiel, Du gehst in einen Laden und sagst zu dem Verkäufer: »Ich möchte das größte Pfennigsbrötchen, das ich für einen halben Pfennig haben kann.« Und vielleicht macht der Mann ein dummes Gesicht und versteht nicht ganz, was Du meinst. Wie bequem ist es doch dann, eine Nadel dabei zu haben, um sie ihm in den Handrücken zu stecken, während Du sagst, »Na los! Scharf hingucken, Dummkopf!« Oder wenn Du auf der Straße gehst und Dir ein großer Hund in die Quere kommt: Wie kannst Du vorankommen, wenn Du nicht eine Nadel bei der Hand hast, um ihn zu pieksen! Dann läuft er natürlich jaulend davon, und Du stolzierst mit beseligtem Lächeln auch davon.

Und selbst wenn Du zufällig einmal keine Nadel brauchst, wie oft denkst Du doch bei Dir, »Es heißt, Interlaken sei eine sehr schöne Stadt. Wie die nur aussehn mag?« (Es ist nämlich die Stadt, die auf diesem Nadelkissen abgebildet ist.) – Falls Du zufällig weder eine Nadel noch Bilder brauchst, kann es Dich vielleicht wenigstens an einen Freund erinnern, der manchmal an seine liebe kleine Freundin Edith denkt und der sich gerade eben an den Tag erinnert, als er sie auf der Strandpromenade traf, das erste Mal, daß sie allein hinausdurfte, um nach ihm Ausschau zu halten. [...]

> Herzlichst immer Dein C. L. Dodgson

Das Nadelkissen hat eine Freundin von mir gemalt.

An Beatrice Earle

Ch. Ch.,
3. Feb. '84

Meine liebe B,
Du warst neulich so gnädig, daß ich meine Angst vor Dir fast überwunden habe. Das leichte Zittern, das Du meiner Schrift anmerken kannst – der Gedanke, daß *Du* es bist, an die ich schreibe, ruft es hervor –, wird sich bald legen. Wenn ich Dich wieder einmal ausleihe, werde ich es wagen, Dich *alleine* auszuführen; ich habe meine kleinen Freundinnen am liebsten *eine nach der anderen*; und ein andermal führe ich Maggie alleine aus, *falls sie mitkommen will* (*das* ist die *große* Schwierigkeit!). Doch zuerst möchte ich Deine *älteste* Schwester (ich kann *kaum* den Mut aufbringen, es zu sagen) ausleihen. Oh, wie es mich beim bloßen Gedanken daran schaudert! Glaubst Du, sie würde mitkommen? Ich meine nicht *allein*: ich glaube, Maggie könnte auch mitkommen, damit alles seine Richtigkeit hat.

Wann ist nachmittags die Schule aus? Es würde wohl nicht zu spät sein (oder doch?), um ›Miß Earle‹ (diese Anrede erwartet sie vermutlich) und Maggie hierher zum Tee abzuholen! Und wenn wir *sehr* viel Glück haben, haben wir vielleicht einen noch schöneren Abend, wenn wir nach dem Spaziergang bei mir in der Stube sind! Falls dieser Plan genehm ist, könnte ich jeden beliebigen Tag kommen, den sie vorschlägt: andernfalls könnte ich nächsten Samstag kommen, sagen wir um halb vier. Um noch etwas muß ich Dich bitten: entweder habe ich den Merkzettel mit den Namen, dem Alter und den Geburtstagen von Dir und Deinen Schwestern nie bekommen, oder ich

E. C.
Feb. 3 1874

My dear B,
You were so gracious the other day that I have nearly got over my fear of you. The slight tremulousness, which you may observe in my writing, pro-duced by the thought that it is *you* I am writing to, will soon pass off. Next time I borrow you, I shall venture on having you *alone*: I like my

child-friends best <u>one by one</u>: & I'll have Maggie alone another day, <u>if she'll come</u> (that is the great difficulty!). But first I want to borrow (I can <u>scarcely</u> muster courage to say it!) your <u>eldest</u> <s>Miss Ellen</s>. Oh, how the very thought of it frightens me! Do you think she would come? I don't mean alone: I think Maggie might come too, to make it all proper.

habe ihn verloren. Könntest Du mir das alles aufschreiben?
                    Stets herzlichst Dein
                            C. L. Dodgson.
Alles Liebe an Maggie.

An Ethel Hatch

Christ Church, Oxford
2. März 1881

Meine liebe Ethel,
Nächsten Dienstag kommt es zupaß (eine dumme Art, sich auszudrücken, aber mach Dir nichts draus!), daß ich mit Mr. und Mrs. Stewart (Du kennst sie nicht, aber mach Dir nichts draus!) in Bradmore Road zu Abend essen muß. Zeit: 7.45. (Du würdest sagen ›Viertel vor 8‹, aber mach Dir nichts draus!) – Nun, was hältst Du von diesem Plan? Er ist eine Idee von mir, das Ergebnis sechsstündigen angestrengten Denkens. – Ich könnte um halb 5 (oder 6, wenn das für Dich und Deine Schulstunden günstiger ist) zu Dir kommen und Dich hierher abholen (wir würden erst ein bißchen spazierengehen, wenn Du willst), Dir Tee und Butterbrote um halb 6 oder 7 servieren, Dir ein Bild oder so zeigen, Dir ein Rätsel oder so stellen und Dich um halb 8 nach Hause bringen: und dann könnte ich weitergehen zur Bradmore Road und mein Essen haben. Ich frage diesmal nur *Dich* – teils, weil ich B. und Evelyn erst ganz vor kurzem ausgeführt habe (hab sie erledigt, weißt Du. Bin sie losgeworden. Brauch mich um sie eine Ewigkeit nicht mehr zu scheren – eine dumme Art, sich auszudrücken, aber mach Dir nichts draus!), und teils, weil ich Kinder *viel* lieber alleine habe

23. *Maria White*

als zu zweit oder gar zu vierzigst. Bitte versuch jetzt nicht, so zu tun, als würdest Du gerne kommen, wenn es nicht so ist! *Natürlich* bist Du ein bißchen schüchtern mir gegenüber: ganz selbstverständlich – Du brauchst bloß zu sagen, »Ich fürchte, ich kann Deine freundliche Einladung nicht annehmen, wegen der normannischen Eroberung«, ich werde das völlig verstehen: werde kein bißchen beleidigt sein.

Ganz herzlich Dein
C. L. D.

An Ethel Hatch

7, Lushington Road,
Eastbourne,
19. August 1884

Meine liebe Ethel,
Miß Thomson hat mir erlaubt, dieses Briefchen zu lesen, bevor ich es an Dich weiterleite. Es ist sehr interessant, aber es hat mich mit grünäugigem Neid erfüllt! Zu denken, daß *Du* haufenweise freie Zeit hast (was Du aller Wahrscheinlichkeit nach in künftigen Jahren haben wirst), um das Figuren-Malen zu lernen, und dann *ich* Armer, der ich das lieber als alles andere täte, aber nie die Zeit finden kann: immer taucht da irgend etwas auf und sagt »tu mich«, und dann etwas anderes »und jetzt tu *mich*«: so finde ich höchstens die Zeit, den Kaffee zu mahlen, den ich trinke – und was das Malen von *Kindern* angeht, das kommt gar nicht in Frage! Gestern wollte ich ein hübsches kleines Mädchen malen, das gerade eine Sandburg baute: aber da es keine zwei Augenblicke in der

selben Stellung blieb, mußte ich jede einzelne Linie erfinden: und das Ergebnis ist scheußlich – schlimmer, als Du mit Deinem linken Fuß malen könntest, und mit beiden Augen zu!
LIEB SEIN
(Das heißt nicht »sei in Zukunft lieb«, und auch nicht »verschwende alle Deine Zuneigung auf das Zeitwort ›sein‹«, sondern es ist die Abkürzung von »Alles Liebe seiner Ethel«.)

So verbleibe ich

Dein Dich liebender Freund

C. L. D.

An Edith Rix

[vor dem 9. April 1885]

Meine liebe Edith,
Würdest Du bitte Deiner Mutter sagen, daß ich bestürzt war, als ich die Anschrift auf ihrem Brief an mich sah; und ich würde wirklich »Rev. C. L. Dodgson, Christ Church, Oxford« vorziehen. Wenn ein Brief an »Lewis Carroll, Christ Church« adressiert ist, landet er entweder auf der Post unter ›nicht zustellbar‹, oder er prägt sich den Gemütern aller Briefträger usw., durch deren Hände er geht, ein – genau das, was sie am allerwenigsten wissen sollen.

Bitte entschuldige mich bei Deiner Schwester mit aller Ausdrücklichkeit wegen der Freiheit, die ich mir mit ihrem Namen genommen habe. Meine einzige Entschuldigung ist, daß ich keinen anderen weiß; und wie *soll* ich erraten, wie der vollständige Name lautet? Er kann Carlotta sein oder Zealot, oder Ballot oder Lotus-Blüte (ein sehr hübscher Name), oder gar Charlotte. Nie habe ich einer jungen Dame etwas geschickt, von der ich eine verschwommenere Idee hatte. Der Name, ein Rätsel; das Alter, irgendwo zwischen 1 und 19 (Du machst Dir keine Vorstellung, wie verwirrend es ist, sie sich abwechselnd als zottelndes kleines Ding von 5 und als großes Mädchen von 15 vorzustellen!); Sinnesart – nun, zu *der* Frage habe ich wenigstens ein Fetzchen von einem Hinweis –, Deine Mutter sagt, hinsichtlich meines Besuchs: »Es muß dann sein, wenn Lottie zu Hause ist, sonst wird sie uns nie verzeihen.« Trotzdem, ich kann die bloße Tatsache, daß sie von unversöhnlicher Sinnesart ist, nicht als vollständiges Bild ihres Charakters nehmen. Ich bin sicher, daß sie außerdem noch ein paar andere Eigenschaften hat.

      Ich bin herzlichst Dein
        C. L. Dodgson.

An Charlotte Rix

       Christ Church, Oxford
       18. April 1885

Meine liebe Lottie,
da Stolz etwas ist, das man nicht haben sollte, und da Du stolz bist, weil Du im Besitz meiner Handschrift bist (von der Du 2 oder 3 Wörter besitzt), schick ich Dir lieber einen Haufen mehr davon, bis Du den Anblick leid bist – so wie wenn Du stolz auf Deine Augen wärst und eine wohlmeinende Fee Dir ein drittes gäbe – dann würdest Du wohl, wann immer sich das Gespräch um »Augen«

drehte, demütig und beschämt unter Dich blicken! Das ist also *ein* Grund, aus dem ich schreibe, und der zweite ist, um zu sagen, es geht wirklich nicht, daß Edith mich »Mr. Dodgson« nennt und mit »herzlichst Ihre« unterschreibt, während ihre jüngere Schwester »Sir« sagt und »Ihre sehr ergebene«! (Nicht daß ich gegen Ergebenheit im allgemeinen etwas hätte.) Natürlich wirst Du sagen: »Es ist nicht *meine* Schuld. Es war ja Ediths Fehler, wenn sie einen Herrn, den sie noch nie gesehen hat, gleich so anredet«, und Du wirst hinzusetzen, daß *Du* das wettzumachen versuchst. Schön und gut, aber wenn der *erste* Finger Deiner Handschuhe Löcher hat, beginnst Du nicht damit, den *zweiten* zu stopfen, oder? Die Moral davon ist, daß *Edith* anfangen müßte: und wenn *sie* erst einmal die Korrespondenz heruntergebracht hat auf »Hochachtungsvoll«, kannst *Du* nachziehen mit »Ihre gehorsame Dienerin«! Ist das nicht ein schönes – wie sollen wir es nennen? – »Bild«, »Gleichnis«? Vielleicht geht »Märchen«. Wie Du siehst, habe ich diesen Brief *nicht* mit »Dear Miss Charlotte Rix« angefangen, aber ich werde es das nächste Mal müssen, wenn Du wieder mit »Dear Sir« anfängst!

[...]

Das beiliegende Spiel ist bei einigen meiner jungen Freunde sehr beliebt: es ist viel schöner, wenn man es mit 2 *Parteien* und nicht nur zu zweit spielt: die Spieler jeder Partei beraten sich flüsternd, so daß es ein sehr *unterhaltendes* Spiel ist.

Herzlichst Dein
C. L. Dodgson

An Edith Rix

[Eastbourne]
[29. Juli(?) 1885]

Mein liebes Kind,
Es scheint ganz im Bereich des Möglichen zu liegen, daß unser Briefwechsel, wenn wir in diesem Stil fortfahren, schließlich einen wirklich freundlichen Ton annehmen wird. Ich sage natürlich nicht, daß dem tatsächlich so sein wird – das wäre eine zu kühne Prophezeiung –, sondern nur, daß die Tendenz besteht, daß die Briefe sich in dieser Richtung vielleicht entwickeln.

Deine Bemerkung, daß sich Pantoffeln für Elefanten wohl machen ließen, nur daß das keine Pantoffeln wären, sondern Stiefel, bringt mich zu der Überzeugung, daß es einen Zweig Deiner Familie in *Irland* gibt. Wer sind (o Gott, o Gott, ich werde ganz verwirrt! Im Haus gegenüber wohnt eine Dame, die einfach den *ganzen* Tag singt. Alles, was sie singt, sind Klagelieder, und die Melodien, wie solche Lieder sie nun einmal haben, sind ziemlich eine wie die andere. Sie hat einen starken Ton in ihrer Stimme, und das weiß sie! Ich glaube, es ist ›Kammerton a‹, doch mein Ohr ist nicht sehr verläßlich. Und wenn sie zu diesem Ton kommt, dann heult sie!) sie? Die O'Rixes vermutlich?

Was Deine uninteressanten Nachbarn betrifft, so habe ich großes Mitleid mit Dir; aber ach, ich wünschte, ich hätte Dich hier, damit ich Dich lehren könnte, *nicht* zu sagen: »Es ist schwer, den eigenen Bezirk regelmäßig zu besuchen, wie es jeder andere tut!«

Und nun komme ich zu dem interessantesten Teil Deines Briefes – ob Du in mir einen richtigen Freund sehen sollst und mir alles, was Du willst, schreiben kannst und mich um Rat fragen darfst? Aber *natürlich* darfst du das, mein Kind! Wozu bin ich denn sonst gut? Aber ach, meine liebe kleine Freundin, Du kannst Dir nicht vorstellen, wie solche Worte in *meinen* Ohren tönen! Daß jemand zu *mir* aufblickt oder *mich* um Rat zu fragen gedenkt – ja, das läßt einen eher demütig werden, glaube ich, und nicht stolz – demütig, sich zu erinnern, während andere so gut von mir denken, was ich wirklich *bin*, in meinem Innersten. »Du, der Du einen anderen lehrst, lehrst Du nicht Dich selbst?« Nun, ich will von mir nicht sprechen, das ist kein gesundes Thema. Vielleicht trifft das auf zwei Menschen immer zu: könnte man den andern durch und durch sehen, würde die Liebe absterben. Ich weiß es nicht. Jedenfalls bin ich froh über die Liebe meiner kindlichen Freunde, obwohl ich weiß, daß ich sie nicht verdiene. Bitte schreib mir so freimütig, wie Du nur willst.

Freitag letzter Woche fuhr ich nach London und holte Phoebe nach hier ab: und wir brachten fast den ganzen Samstag am Strand zu – Phoebe watete im Wasser und grub im Sand und war »so glücklich wie ein Vögelchen im Flug« (um das Lied zu zitieren, das sie sang, als ich sie zum ersten Mal sah). Dienstag abend kam ein Telegramm, worin stand, daß sie am nächsten Morgen im Theater gebraucht würde. Statt also zu Bett zu gehen, packte Phoebe ihre Sachen, wir nahmen den letzten Zug und waren nachts um Viertel vor eins bei ihr zu Hause. Trotzdem haben bloße vier Tage Seeluft und eine neue Art Glück ihr gutgetan, glaube ich. Jetzt, wo sie fort ist, fühle ich mich recht einsam. Sie ist ein sehr reizendes

Kind, und ein sehr nachdenkliches Kind dazu. Es war sehr rührend (wir hatten jeden Tag eine kleine Bibellese: ich versuchte mich zu erinnern, daß meine kleine Freundin eine Seele hatte, um die man sich kümmern mußte, und nicht nur einen Körper), den Blick in ihren Augen zu sehen, der ganz weit fort war, wenn wir von Gott und vom Himmel sprachen – als ob ihr Engel, der Sein Angesicht beständig sieht, mit ihr flüsterte.

Natürlich gibt es, letzten Endes, nicht viel Gemeinsames zwischen dem Gemüt eines alten Mannes und dem eines Kindes, doch was möglich ist, das ist süß – und heilsam, glaube ich...

An Marion Richards
Christ Church, Oxford
8. Februar 1886

Meine liebe Marion,
Ob du das meiste Vergnügen an den Einfällen in diesem kleinen Buch* haben wirst oder ob die Probleme Dich peinigen werden: ob Du Dich zufrieden fühlen wirst bei dem Gedanken, daß Dein alter Freund sich noch an Dich erinnert, oder unzufrieden, weil Du findest, daß er Deinen Geschmack so sehr vergessen hat, daß er Dir ein Buch schickt statt einem Korinthenbrötchen – das ist, oder das sind, eine Frage, oder Fragen, die zu entscheiden ich mich nicht imstande fühle. Wirklich, wenn ich nun schon einmal darüber nachdenke, entscheiden wir denn überhaupt Fragen? Wir entscheiden über *Antworten*, zweifellos; aber gewiß entscheiden die Fragen doch über uns? Es ist schließlich der Hund, der mit dem Schwanz wedelt – nicht der Schwanz, der mit dem Hund wedelt. Zum Beispiel die Frage: »Werde ich Marion jemals wiedersehen?« hat bei mir folgende Antwort entschieden: »Wahrscheinlich nicht: sie ist meistens in der Schule, wenn Du in Eastbourne bist; und die wenigen Ferien, die sie hat, bringt sie damit zu, Verwandte auf dem Land zu besuchen.« Und die Frage: »Und wie wird sie sein, wenn ich sie doch jemals wiedersehe?« entschied bei mir über die Antwort: »Sie wird riesig groß sein, und verhängnisvoll steif, und so gelehrt, daß ich *drei* ordentliche Professoren aus Oxford hernehmen muß, um ihr eine Kerze zu halten!« So verbleibe ich (schaudernd, wenn ich be-

---
* Vermutlich *A Tangled Tale* (1885)

denke, welche Freiheit ich mir nehme, so zu unterzeichnen) Dein Dich liebender Freund

       Charles L. Dodgson.

An Winifred Stevens

       Christ Church, Oxford
       22. Mai 1887

Meine liebe Winnie,
Aber Dich wird dieser lange Brief ermüden: darum will ich ihn zu Ende bringen und unterzeichne als
      herzlichst Dein
      C. L. Dodgson.

 P. S. Ich lege 2 Exemplare von ›Castle Croquet‹ bei.

 P. P. S. Du machst Dir keine Vorstellung, wie ich mit mir selbst ringen mußte, ›Winnie‹ statt ›Miß Stevens‹ hinzuschreiben und ›herzlichst‹ statt ›Ihr ergebener!‹.

 P. P. P. S. Übernächstes Jahr, oder um diese Zeit, *hoffe* ich eine Gelegenheit zu finden, mit Dir wieder einmal spazierengehen zu können. Dann, fürchte ich, wird die Zeit begonnen haben, ›Dir Falten auf azurne Stirn‹ zu schreiben; doch ist mir das egal! Ein wirklich *verehrens-*

würdiger Gefährte bringt es mit sich, daß man selber jugendlich aussieht, und ich freue mich schon jetzt auf die Leute, die einander zuflüstern: »Wer in aller Welt ist dieser *sehr* interessant aussehende Knabe, der neben dieser alten Dame mit eisgrauem Haar einherschreitet und sie so behutsam führt, als wäre sie seine Urgroßmutter?«

P. P. P. P. S. Keine Zeit für Weiteres.

An Catherine Lucy

7, Lushington Road,
Eastbourne,
25. September 1887

Meine liebe Katie,
Vielen Dank für Deinen Brief und den Brief Deiner Mutter. Es freut mich zu hören, daß Dir Dein sehr ungezwungener Besuch Spaß gemacht hat. Auch für mich war er nicht so peinsam, wie ich es hätte erwarten sollen. Wirklich war das einzig Bedauerliche die Starrsinnigkeit, mit der Du es abgelehnt hast, Dich vom *Fingerzeig des Schicksals* leiten zu lassen, der Dich beständig darauf hinwies, *sofort* zu Deinem verlassenen Zuhause zurückzukehren. Das Schicksal hat es mit Regenwetter versucht, als Du kamst, und mit Sonnenschein, als Du gingst. *Das* schien auf Dich keine Wirkung zu haben: so hat es stärkere Mittel anzuwenden versucht. »Die Melodie von ›zu Hause, ach zu Hause‹ wird sie bestimmt bewegen!« sagte sich das Schicksal. Das wurde Dir also zuerst vorgesungen von Miß Alice Gomez. Da *das* keine Wirkung hatte, versuchte als nächstes Miß Savery zu tun, was *sie* konnte, indem sie es Dir, mit Variationen, vorspielte. – *Wieder*

daneben! »Na!« sagte sich das Schicksal, »ihr Herz muß so hart wie Holz sein: also soll es ihr auf *Holz* vorgespielt werden!« Und das hat man denn auch, wie Du weißt, im Avenue-Theater auf dem Xylophon getan. Wer konnte diesem Fingerzeig widerstehen, nach Hause zu gehen?

Aller Wahrscheinlichkeit nach ging jedes andere Mädchen im Theater, außer Dir, *direkt* nach Hause, als das Stück zu Ende war. Nur *Du* hast Dich weiter in London herumgetrieben, Schauspielerinnen zur Rede gestellt – in der Tat, warst zu Streichen aufgelegt, statt den wohlgemeinten Rat des Schicksals zu befolgen und Dich geradewegs nach Hause zu begeben!

Das ist eine traurige Erinnerung, und es ist überhaupt keine Entschuldigung, wenn Du sagst, was Du zweifelsohne tun wirst, daß Dir *Hausierer* schnurz sind: *das* hat nichts damit zu tun.

Sehr freundliche Grüße an Deine Mutter, alles Liebe für Edie

herzlichst Dein
C. L. Dodgson.

An Lucy Walters

Christ Church, Oxford,
17. März 1888

Meine liebe Lucy,
Wenn ich mich frage – »Was kann diesen plötzlichen Umschwung der Gefühle verursacht haben? Wie kann ich sie so tief gekränkt haben, daß diese plötzliche Abkühlung möglich wurde, von den ›herzlichen Grüßen‹ unter dem Brief vom 8. Februar bis zu den ›Freundlichen Grüßen‹ unter dem Brief vom 15. März?« –, so bleibt das Problem zunächst ins Dunkel des Geheimnisses gehüllt. Dennoch ist es lebensnotwendig, es zu lösen, und, wenn möglich, Abbitte für meine Missetaten zu leisten, denn man braucht nur sehr oberflächlich mit den Regeln des Briefeschreibens vertraut zu sein, um zu sehen, wie eine derartige Korrespondenz weiterverlaufen wird, über die ›ergebenen Grüße‹ zum ›Hochachtungsvoll‹, bis man schließlich in der dritten Person schreibt (›Miß Lucy Walters empfiehlt sich Ihrer geschätzten Aufmerksamkeit etcetera‹).

Zehn Stunden angestrengten Nachdenkens haben meine Augen geöffnet. Ich sehe jetzt, daß mein (fast) nicht wiedergutzumachender Fehler darin bestand, daß ich, nachdem ich einen sehr netten Brief von Dir bekommen hatte, worin Du mich ins Bushey-Theater einludst, schlecht beraten genug war, ihn meiner Cousine Annie zu beantworten. Das war sehr böse und herzlos, ich gebe es zu. Und die einzige Möglichkeit, die ich sehe, wie ich das *wirklich* wieder ausbügeln kann, ist die, daß ich eine Anzahl Briefe, die ich von andern Leuten bekommen habe, heraussuche und *Dir* beantworte.

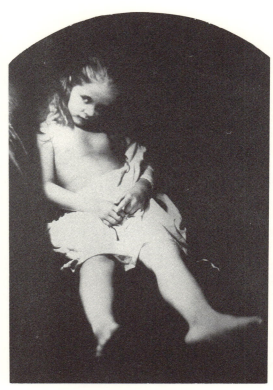

24. *Maud Constance Meulbury*

Sei dann nicht enttäuscht, meine liebe Lucy, wenn Du von mir Briefe dieses Inhalts bekommst:

»Meine liebe Lucy, – die arme Wachspuppe ist also heruntergefallen und hat sich die Nase gebrochen? Es tut mir wirklich sehr leid, das zu hören etc. etc.

oder

Meine liebe Lucy, – Weinprobe erhalten. Zufriedenstellend. Bitte senden Sie sechs Dutzend per Frachtgut. Bitte um Auftragsbestätigung etc. etc.

oder

Meine liebe Lucy, Falls die Uhr, die ich Ihnen zur Reparatur anvertraut habe, nicht vor Ende des Monats in meinem Besitz ist, werde ich meinen Anwalt in Kenntnis setzen etc. etc.«

Aber bedenk, daß ich Briefe von einem kleinen Mädchen, von meinem Weinhändler und von meinem Uhrmacher bekommen und sie alle *Dir* beantwortet habe. Darf ich hoffen, daß Du, wenn Du etwa ein Dutzend solcher Briefe bekommen hast, sie als hinreichende Buße für mein Verbrechen annehmen wirst, und allmählich zu dem freundlichen Verhältnis zurückkehrst, das so lange zwischen uns bestanden hat?

Mit freundlichen Grüßen, immer Dein
C. L. Dodgson.

25. Celeia Hutchinson

An Menella Dodgson
>   Christ Church, Oxford,
>   10. Mai 1888

Meine liebe Nella,

WAS! Du hast etwas dagegen, 18 Jahre zu warten? Na. Du bist mir eine! Schließlich, sobald 17 Jahre und 11 Monate und 3 Wochen um wären, brauchtest Du bloß noch eine Woche zu warten: und was ist schon eine Woche? Da dies ein recht gutes Rätsel ist, will ich Dir ruhig die Lösung sagen – aber sag sie keinem weiter –: eine Woche ist ›sieben Tage‹. Leider muß ich sagen, der Uhrmacher behauptet, daß er 18 Jahre und 5 Tage braucht, sie zu machen: aber ich hab bloß zu ihm gesagt »Los! Los!« Und ich habe versucht, ihm klarzumachen, daß Du unter keinen Umständen diese 5 Tage warten würdest. Da hat er gesagt, daß er sein Bestes tun werde, sie zum Ende der 18 Jahre fertig zu haben.

Es wird sehr gut für Dich sein, eine eigene Uhr zu besitzen: denn, wenn Edith Dir jemals ihre Uhr ins Gesicht wirft, wirst Du die Möglichkeit haben, auch ihr eine ins Gesicht zu werfen. Dann werden beide Uhren kaputt sein, und, da ich Euch keine neuen schenken werde, kommt alles zu einem hübschen Ende.

Hat Edith schon in ihrem Gedichtbuch gelesen? Und wie herum hält sie es, wenn sie darin liest?

Es tut mir wirklich leid, daß meine Handschrift so schwer für Dich zu lesen ist*: ich will versuchen, das nächstemal deutlicher zu schreiben.

>   Herzlichst Dein Onkel Charles L. Dodgson.

---

* Der Brief ist in Maschinenschrift geschrieben.

An Ellen Knight

> c/o Verlag Macmillan
> 29 Bedford Street, Covent Garden,
> London
> 28. August 1888

Mr. Lewis Carroll sendet seine ergebensten Empfehlungen an Miss Nellie Knight und wüßte gerne, ob sie ein kleines Buch, das er ihr am 21. dieses zu senden sich die Freiheit nahm, zu behalten die Güte hat oder ob sie es so sehr verabscheut, daß sie es vorzieht, es zurückzusenden. Falls sie beschließt, es behalten zu wollen, wäre er erfreut, um Eifersucht nicht aufkommen zu lassen, auch dem kleinen Jungen ein Buch zukommen zu lassen – einem entfernten Verwandten von ihr, wie er vermutet –, der mit ihr reiste: er würde ihm *Alice im Wunderland* oder *Hinter den Spiegeln* oder *Die Jagd nach dem Schnark* schicken, welcher Titel ihm immer zusagen mag.

An Nellie Knight

> 7, Lushington Road,
> Eastbourne,
> 1. September 1888

Meine liebe Nellie,
Ein großspuriger Brief reicht. Diesen hier unterschreibe ich mit meinem richtigen Namen. Den andern benutze ich nur für meine Bücher, weil ich nicht gekannt sein möchte, außer von Freunden.

Ich hatte aber einfach den Eindruck, daß Du und ich Freunde werden *mußten*. Selbst als ich ins Zugabteil kam und sagte »*Bitte* stehen Sie doch nicht um *meinetwillen* auf, legen Sie sich ruhig wieder hin!« und Du geantwortet hast »Denk nicht dran! Kümmern Sie sich um Ihren eigenen Kram!«, da hab ich bloß gedacht »Na ja, wir werden schon bald besser miteinander auskommen!« Und selbst als ich Dir ein Rätsel stellen wollte und Du gesagt hast »Will ich nicht! Mach mir nichts aus Rätseln!«, dachte ich immer noch »O, es muß ihr eine Laus über die Leber gelaufen sein. Das wird sich bald geben!« Am entmutigendsten aber war es, glaube ich, als ich sagte »Schau mal hier, Nellie! Sydney hat das Rätsel herausgebracht!« und Deine Antwort war »Hat sich was! Er hat in seinem ganzen Leben noch kein Rätsel herausgebracht.« Da habe ich *fast* alle Hoffnung aufgegeben. Doch ich dachte »Ich werde ihr etwas *schicken* – entweder ein Rosinenbrötchen aus Chelsea oder ein Buch! Und dann wird sie vielleicht nicht mehr ganz so verschnupft sein!« Ich habe drei oder vier Monate dazu gebraucht, um mir klarzuwerden, *was* ich Dir schicken könnte. Ob ich das Richtige getroffen habe? Oder hättest Du lieber ein Rosinenbrötchen gehabt?

Ich bin recht unschlüssig, welches Buch ich Sydney schicken könnte. Für ›Alice hinter den Spiegeln‹ scheint er noch zu jung zu sein. Doch hat er ein Rätsel herausgebracht (ich habe jetzt vergessen, welches es war; ich glaube, es waren ›Die 4 armen Männer‹), das, soweit ich mich erinnere, noch nie ein Kind seines Alters herausgebracht hat; ich denke also, daß das Buch nicht zu erwachsen für ihn sein wird.

Ich wünschte, Du würdest nicht so weit weg wohnen. Ich fürchte, daß wir uns nie wiedersehen werden. Warum kommst Du nicht einmal für kurze Zeit nach Eastbourne? Es ist ein reizender Ort, und ich hoffe, bis zum 10. Oktober etwa hier sein zu können. Mein wirkliches Zuhause ist ›Christ Church, Oxford‹: aber ich komme jeden Sommer hierher.

Dein neuer, alter (›neu‹ als Freund, ›alt‹ als Mensch) Dich herzlich grüßender Freund

Charles L. Dodgson.

An Lucy Dodgson

Abschrift eines Briefwechsels zwischen A. B. (Mr. A. Bach) und C. D. (Mr. C. Dogson), März 1889.
1. (A. B. an C. D.)
   In welcher Farbe möchten Sie das Zifferblatt der Uhr haben?
2. (C. D. an A. B.)
   Es muß zum Zifferblatt der jungen Dame passen.
3. (A. B. an C. D.)
   Dann sollte das Zifferblatt am besten *golden* sein – die Farbe eines Kindes, das Gelbsucht hat. Alle Kinder haben Gelbsucht.

4. (C. D. an A. B.)
   Die nicht.
5. (A. B. an C. D.)
   Ich habe gemeint, daß alle Kinder *im allgemeinen* Gelbsucht haben.
6. (C. D. an A. B.)
   Dieses hat sie *nicht im allgemeinen* – nicht mehr als zwei- oder dreimal im Jahr. Das Zifferblatt der Uhr muß zu ihrem passen, wenn sie *gesund* ist.
7. (A. B. an C. D.)
   Dann hängt es davon ab, wieviel Schulstunden sie pro Tag hat.
8. (C. D. an A. B.)
   Was meinen Sie denn schon damit?
9. (A. B. an C. D.)
   Nun, wenn ein Kind nur *eine* Stunde Arbeit am Tag hat, ist sein Zifferblatt hell scharlachrot; wenn es *zwei* Stunden Arbeit hat, ist es stumpf purpurn: und so fort – wie viele Stunden arbeitet dieses Säugetier?
10. (C. D. an A. B.)
    Es *ist* kein Säugetier.
11. (A. B. an C. D.)
    Nun, dann eben diese *Pflanze*. Seien Sie nicht so genau.
12. (C. D. an A. B.)
    Etwa fünfundzwanzig, glaube ich.
13. (A. B. an C. D.)
    Sehr gut, dann weiß ich, was ich jetzt tue. Die Uhr wird haargenau zu ihrem Zifferblatt passen. Wenn ein Kind fünfundzwanzig Stunden am Tag arbeitet, ist sein Gesicht –

14. (C. D. an A. B.)
    Ist *was?*
15. (A. B. an C. D.)
    Ist ja egal, Sie werden schon sehen.
    Ich war der Meinung, daß es keinen Sinn hatte, weitere Briefe zu wechseln.

C. D.

An Isa Bowmann

Christ Church, Oxford
14. April 1890

Mein Liebling,
Alles was recht ist, Dir und Nellie und Emsie kann's ja egal sein, wenn ihr von Millionen von Küssen und Umarmungen schreibt, aber denkt doch bitte einmal an die Zeit, die ihr euren armen alten, sehr beschäftigten Onkel damit in Trab halten würdet! Versuche einmal, Emsie eine Minute nach der Uhr zu küssen und zu umarmen, und ich glaube nicht, daß Du es öfter als 20mal in der Minute schaffst. ›Millionen‹ bedeutet wenigstens 2 Millionen:

    20) 2 000 000 Küsse und Umarmungen
      60) 100 000 Minuten
        12) 1 666 Stunden
          6) 138 Tage (zu je zwölf Stunden)
            23 Wochen.

Mehr als 12 Stunden am Tag könnte ich nicht küssen und umarmen: und meine *Sonntage* würde ich so auch nicht zubringen wollen. Du siehst also, daß mich das 23

26. Florence Hilda Bainbridge

Wochen harter Arbeit kosten würde. Wirklich, mein liebes Kind, *soviel Zeit habe ich nicht übrig.*

Warum ich seit meinem letzten Brief nicht geschrieben habe? Aber wie *könnte* ich denn, Du dummes kleines Ding? Wie hätte ich denn schreiben können – *seit dem letztenmal*, als ich geschrieben *habe*? Versuch's nur mal mit Küssen. Geh hin und küsse Nellie, in meinem Namen, ein paarmal, und gib dabei acht, daß Du's schaffst, sie *seit dem letztenmal*, als Du sie *küßtest*, geküßt zu haben. Jetzt setz Dich wieder hin, und ich stelle Dir ein paar Fragen.

›Hast Du sie ein paarmal geküßt?‹

›Ja, lieber Onkel.‹

›Um wieviel Uhr hast Du ihr den *letzten* Kuß gegeben?‹

›Um 5 Minuten nach 10, Onkel.‹

›Schön – und hast Du sie *seitdem* geküßt?‹

›Na – ich – ahem! ahem! ahem! (Entschuldige, Onkel, ich habe einen schlimmen Husten). Ich – glaube, daß – ich – das heißt, weißt Du, i, ich – –‹

›Ja, ich verstehe! Isa beginnt mit I wie ›ich‹, und mir scheint, daß sie ihn *diesmal* auch mit I wie ›ich‹ *aufhören* lassen will!‹

Weshalb ich nicht schrieb, war aber nicht, weil ich *krank* gewesen wäre, sondern weil ich ein gräßlicher fauler alter Sack bin, der das Schreiben von Tag zu Tag vor sich hergeschoben hat, bis ich schließlich zu mir selber sagte, ›HORROR! Es hat keinen Sinn, jetzt zu schreiben, weil sie am 1. April ja abdampfen werden.‹* Es hätte mich

* Bezieht sich auf Isas Besuch in Amerika, wo sie, als Kinderschauspielerin, den kleinen Duke of York in Richard III. spielte.

nämlich auch kein bißchen überrascht, wenn dieser Brief aus *Fulham* gekommen wäre statt aus Louisville. Nun, Mitte Mai wirst Du wohl dort sein. Aber schreib mir bloß nicht von dort! Bitte, bitte, nicht noch mehr gräßliche Briefe von Dir! Ich *hasse* sie wahrhaftig! Und sie auch noch *abzuküssen*, wenn ich sie kriege – na weißt Du, da könnte ich ja geradesogut – geradesogut – *Dich* abküssen, Du langweilige Trine! Da siehst Du mal!

Vielen Dank für die beiden Photographien – sie gefallen mir – hm – recht gut. Ich kann aber nicht sagen, daß ich sie für die besten halte, die ich je gesehen habe.

Bitte sag Deiner Mutter freundliche Grüße, und gib Nelly $\frac{1}{2}$ Kuß, und Emsie $\frac{1}{200}$ Kuß, und $\frac{1}{2\,000\,000}$ Kuß Dir selber. Und mit den herzlichsten Grüßen bin ich, mein Liebling, Dein Dich liebender Onkel

C. L. Dodgson

P. S. Ich habe über das kleine Gebet nachgedacht, das Du mich für Nellie und Emsie zu schreiben batest. Aber erst hätte ich gern noch einmal die Worte des Gebetes, das ich für *Dich* geschrieben habe, und dann die Worte des Gebetes, das die beiden *jetzt* sprechen, falls sie überhaupt eins sprechen. Und dann will ich zu Unserem Himmlischen Vater beten, daß er mir hilft, ein Gebet zu schreiben, das die beiden wirklich brauchen können.

27. Beatrice Hatch

An Isa Bowman

7, Lushington Road, Eastbourne,
30. August 1890

O Du schlimmes, schlimmes, böses, freches kleines Mädchen! Du hast vergessen, eine Marke auf Deinen Brief zu kleben, und Dein armer alter Onkel mußte ZWO PENNIES bezahlen! Seine *letzten* zwo Pennies! Stell Dir das vor. Ich werde Dich ganz gehörig bestrafen, wenn ich Dich erst einmal wieder hier habe. Also *erzittere!* Hörst Du? Sei so gut und erzittere!

Ich habe heute nur für eine einzige Frage Zeit. Wer in aller Welt sind denn die ›alle‹, die mir außer Dir ihre ›Küsse und Liebe‹ schicken? Hast Du Dir nicht vielleicht vorgestellt, Du wärst daheim und schicktest Grüße (wie die Leute das ja andauernd tun) von Nellie und Emsie, ohne daß die Dir irgendwelche aufgetragen haben? Es ist keine gescheite Idee, Grüße zu schicken, die kein Mensch aufgetragen hat. Ich will damit zwar nicht sagen, daß es *unwahrhaftig* ist, weil ja jeder weiß, wie gern sie geschickt werden, ohne aufgetragen worden zu sein; aber es mindert das Vergnügen, die Grüße in Empfang zu nehmen. Meine Schwestern schreiben mir, ›alles Liebe von uns allen‹. Ich weiß, daß das nicht stimmt; deshalb halte ich nicht viel davon. Neulich schrieb mir der Ehemann einer meiner ›Kinder-Freundinnen‹ (die immer mit ›Alles Liebe‹ unterzeichnet) und schloß mit den Worten, ›Mit sehr freundlichen Grüßen von Ethel und mir‹. In meiner Antwort sagte ich (zum Spaß natürlich) – ›Ich will Ethel keine sehr freundlichen Grüße schicken, also schicke ich ihr *überhaupt keine* Grüße.‹ Dann schrieb sie mir, sie hätte überhaupt nicht gewußt, daß er geschrieben habe! ›Natürlich hätte ich geschrieben ›Alles Liebe‹, und sie fügte hinzu, sie hätte ihrem Mann gesagt, was sie von ihm halte! Armer Mann!

Stets Dein Dich liebender Onkel,
C. L. D.

An Enid Stevens

Christ Church, Oxford
7. April 1891

Meine LIEBE Enid,
Du denkst also, Du hast den Mut, allein mit mir einen Gang zu machen? Also gut! Ich werde Dich also am 31. April um 13 Uhr abholen und Dich zuerst in den Oxforder Zoologischen Garten führen und Dich in einen LÖWEN-Käfig stecken, und wenn die sich satt gegessen haben, stecke ich, was von Dir noch übrig ist, in einen TIGER-Käfig. Dann bringe ich Dich in mein Zimmer und walke meine neue kleine Freundin mit einem dicken Prügel erst einmal richtig durch. Dann stecke ich Dich

ins Kohlenloch und halte Dich eine Woche lang bei Wasser und Brot. Dann schicke ich Dich auf einem Milchwagen wieder heim, in einer leeren Milchkanne. Und wenn ich Dich je wieder abholen komme, wirst Du lauter schreien als ein KAKADU!

Dein Dich liebender Freund
Lewis Caroll

An Sydney Bowles

Ch. Ch., Oxford,
22. Mai 1891

Meine liebe Sydney,
Es tut mir *so* leid, und ich schäme mich *so* sehr! Weißt Du, ich habe nicht einmal gewußt, daß es Dich *gibt*? Es war eine solche Überraschung zu hören, daß Du mir ›Alles Liebe‹ geschickt hattest! Ich hatte ganz das Gefühl, als ob Niemand plötzlich ins Zimmer gerannt wäre und mir einen Kuß gegeben hätte! (Das ist genau das, was mir dieser Tage meistens passiert.) Hätte ich nur gewußt, daß es Dich gibt – ich hätte Dir meine Liebe schon längst *haufenweise* geschickt. Und jetzt, wo ich darüber nachdenke, finde ich, ich hätte Dir die Liebe eigentlich auch so schicken sollen, ohne mir groß Gedanken zu machen, ob es Dich gibt oder nicht. In *mancher* Hinsicht sind nämlich Menschen, die es *nicht* gibt, viel netter als Menschen, die es *gibt*. Zum Beispiel sind Menschen, die es *nicht* gibt, nie *eingeschnappt*: und sie *widersprechen* Dir nie: und *sie treten Dir nie auf die Füße!* Oh, sie sind so sehr viel netter als Menschen, die es *gibt!* Aber mach Dir nichts draus; Du kannst schließlich nichts dafür, daß es Dich gibt; und ich

Ch. Ch. Oxford.
May 22, 1891.

My dear Sydney,

I _am_ so sorry, and so ashamed! Do you know, I didn't even know of your _existence_? And it was _such_ a surprise to hear that you had sent me your love! It felt just as if _Nobody_ had suddenly run into the room, & had given me a _kiss_! (That's a thing that happens to me, _most_ days, just now.) If only I had known you were existing, I _would_ have sent you _heaps_ of love, long ago. And, now I come to think about it, I ought to have sent you the love, without being so particular about whether you existed or not. In _some_ ways, you know, people, that _don't_ exist, are much nicer than people that _do_. For instance people that _don't_ exist are never _cross_: and they never _contradict_ you: and they _never_ tread on your toes! Oh, they're ever so much nicer than people that _do_ exist! However, never mind: you can't help existing, you know; and I daresay you're just as nice as if you didn't.

Which of my books shall I give you, now that I know you're a real child? Would you like "Alice in Wonderland"? Or "Alice Under Ground"? (That's the book just as I first wrote it, with my own pictures).

Please give my love, and a kiss, to Weenie and Vera, & yourself (don't forget the _kiss_ to yourself, please: on the forehead is the best place)

Your affectionate friend,
Lewis Carroll.

darf wohl sagen, Du bist *genauso* nett, als wenn's Dich nicht gäbe.

Welches meiner Bücher soll ich Dir schicken, jetzt, wo ich weiß, daß Du ein wirkliches Kind bist? Hättest Du gerne ›Alice im Wunderland‹ oder lieber ›Alice unter der Erde‹? (Das zweite ist das Buch, wie es zuerst geschrieben wurde, mit meinen eigenen Zeichnungen.)

Meine Liebe für Weenie und Vera und Dich (vergiß bitte nicht, *Dir* einen Kuß zu geben: der beste Platz dafür ist auf der Stirn).

Herzlichst Dein Freund
Lewis Carroll.

An Nelly Bowman

1. November 1891

C. L. D., Onkel liebender Dich Dein! Mußtest schenken Enkel seinem dessen statt dann ihn Du daß so, hast vergessen Jahre 80 oder 70 ihn Du daß, doch es war schade wie und: hattest gern so ihn Du daß, verständlich ganz mir ist es und, Herr alter netter sehr ein war er. Hast gemacht ihn Du den für, *muß* sein gewesen es *er* daß, also Du siehst so: *Großvater* mein war, war Leben am *damals* der, ›Dodgson Onkel‹ einzige der. Kam Welt die auf *ich* bevor lange, war das, Du weißt, damals. Aber. »Machen Dodgson Onkel für Hübsches etwas ich will jetzt«, anfingst Arbeit der mit Du als, hast gesagt Dir Du daß, mußte erzählen das mir sie daß ohne, ich wußte natürlich und: gemacht Jahren vielen ganz vor ihn hättest Du, sagte sie. Hat erzählt mir Isa was, dem aus zusammengereimt mir hab's ich? War bestimmt er wen für, habe gefunden

Nov. 1. 1891.

LD, Uncle loving your! Instead grand-son his to it give to had you that so, years 80 or 70 for it forgot you that was it pity a what and : him of fond so were you wonder don't I and, gentleman old nice very a was he. For it made you that _him_ been have _must_ it see you so : _grandfather_ my was, _then_ alive was that, "Dodgson Uncle" only the. Born was _I_ before long was that, see you, then But. "Dodgson Uncle for pretty thing some make I'll now", it began you when, yourself to said you that, me telling her without, know I course of and : ago years many great a it made had you said she. Me told I's a what from was it? For meant was it who out made I how know

you do! Lasted has it well how and. Grandfather my for made had you Antimacassar pretty that me give to you of nice so was it, Nelly dear my.

heraus ich wie, Du weißt! Hat gehalten sich er gut wie und. Hast gemacht Großvater meinen für Du den, schenken zu Sofaschoner hübschen diesen mir Dir von lieb so war es.

Nelly liebe meine

An Enid Stevens

                     7, Lushington Road, Eastbourne,
                     13. September 1893

Liebste Enid,
Mir hat es weiß Gott lange genug auf der Seele gelegen: ›Enid wüßte gerne, was Dir in Eastbourne so alles passiert. [...] Aber das *große* Problem ist: *es passiert rein gar nichts!* Ach, wie *soll* ich's nur anstellen, daß etwas passiert, damit ich meinem Liebling Enid etwas zu erzählen habe? Soll ich auf die Straße gehen und einen Mann zusammenschlagen? (Ich würde mir einen Kleinen, Schwachen aussuchen, weißt Du.) *Da* wäre wirklich etwas passiert, sowohl ihm wie mir. Und mein Anteil dabei wäre, daß ich vom Schutzmann abgeführt und in einer

Zelle auf der Wache eingesperrt würde. Dann *könnten* Dir meine Abenteuer geschrieben werden. Bloß *ich* könnt's nicht tun. Weißt Du – der Schutzmann müßte es machen. »Vereheliches Freulein, die nach Richd dührfde sie fräun das Hr Dodgson Momentan an die Dhür Seiner zählle drambld – Ich hab im krade eben waßerunbrod gebracht aver Er hat gesacht er wil nix ham. er had gesahcht wie das er epn Erst gegesn hatt.« Wie würde Dir denn *so was* gefallen, meine Enid?

Na gut, hier ist also ein kleines Abenteuer. Als ich neulich spazierenging, traf ich einen Jungen und ein Mädchen von etwa zwölf und zehn Jahren. Sie schienen in Verlegenheit zu sein und untersuchten vorsichtig ihren Finger. Da fragte ich: »Ist etwas passiert?« Und sie erzählten, daß das Mädchen gerade von einer Wespe gestochen worden sei. Ich sagte ihnen, sie sollten Hirschhorn auf den Stich tun, sobald sie nach Haus kämen, das würde den ganzen Schmerz beseitigen. Und ich gab ihnen eine winzige Chemiestunde und erklärte, daß, wenn man eine Säure und ein Alkalisalz mischt, die Mischung aufsprüht und die Säure ihren Säurecharakter verliert; und daß Wespengift eine *Säure* ist und Hirschhorn ein *Alkali*. Als ich heimkam, dachte ich, ›So schlecht ausgerüstet will ich aber das nächstemal nicht mehr sein, wenn ich ein gestochenes kleines Mädchen treffe‹ (oder ein ›kleines gestochenes Mädchen‹ – welche Reihenfolge ist die beste?). Also habe ich mir ein Fläschchen starken Salmiakgeist gekauft (das ist besser als Hirschhorn), und ich stecke es mir immer in die Tasche, wenn ich spazierengehe. Und jetzt, wenn es wieder einmal passiert, kann ich das kleine Mädchen in einer Minute glücklich machen.

Aber *kein* kleines Mädchen, das *mir* in den Weg gelaufen ist, ist je wieder gestochen worden. Ist das nicht sehr, sehr traurig?

[...]   Dein Dich sehr liebender alter Freund
Charles L. Dodgson.

An Margaret Bowman

7, Lushington Road, Eastbourne,
17. September 1893

O Du böse, böse kleine Übeltäterin! Könnte ich nur nach Fulham fliegen, mit einem handlichen Stöckchen (drei Meter lang und zehn Zentimeter dick ist meine Lieblingsgröße) – wie würde ich Dir dann auf Deine frechen kleinen Knöchel klopfen. Allerdings – viel Unheil ist nicht angerichtet worden, darum will ich Dich zu einer sehr milden Strafe verurteilen – nur zu einem Jahr Gefängnis. Sei so gut und sag's dem Schutzmann in Fulham, er macht dann schon alles übrige von selbst. Er wird Dir ein hübsches bequemes Paar Handschellen verabreichen und Dich in einer hübschen gemütlichen dunklen Zelle einschließen und Dich mit hübschem trocknem Brot und köstlichem kaltem Wasser speisen.

Aber wie schlecht buchstabierst Du doch Deine Wörter! Ich mußte mir so den Kopf zerbrechen über die ›Säcke voll Gestreichel und Körbe voller Küßchen‹! Schließlich kam ich wenigstens hinter das eine: ›Körbe voller Kätzchen‹ hast Du natürlich gemeint. Da wußte ich immerhin zur Hälfte, was Du mir geschickt hattest, denn mit dem ›Gestreichel‹ konnte ich immer noch nichts anfangen. Und in dem Augenblick kam Mrs. Dyer

28. Agnes Hughes

ins Zimmer, um mir zu sagen, daß ein großer Sack und ein Korb gekommen wären. Ein solches Miauen tönte da durchs Haus, als wären alle Katzen von Eastbourne zu mir auf Besuch gekommen! »Oh, packen Sie's bitte gerade aus, Mrs. Dyer, und zählen Sie nach, was drin ist.«

In ein paar Minuten kam Mrs. Dyer zurück und sagte: »500 Paar Handschuhe im Sack und 250 Kätzchen im Korb.«

›Handschuhe?‹ dachte ich, ›wieso Handschuhe? Und was haben die mit dem Gestreichel zu tun? So sehr *kann* sich Maggie doch nicht verschrieben haben! Fast kein Buchstabe ist richtig! Aber da fiel mir ein, die Maggie ist ja ein *sehr* vornehmes Mädchen; sie trägt so gut wie immer Handschuhe, zumal wenn sie spazierengeht, schon gar mit einem älteren Herrn, und erst recht, wenn sie ihn streichelt. Außerdem... Na ja, außerdem ist Herbst, und ich muß also einsehen, daß Streicheln und Handschuhe zusammengehören!

Aber du lieber Himmel! 500 Paar Handschuhe, das sind ja 1000 Handschuhe im ganzen! Viermal soviel Handschuhe wie Kätzchen! »Es ist sehr freundlich von Maggie, aber warum hat sie so viele Handschuhe geschickt? Denn ich habe doch nicht 1000 Hände, Mrs. Dyer.« Und Mrs. Dyer versetzte: »Nein, weiß Gott, da fehlen Ihnen 998!«

Am nächsten Tag fiel mir aber ein, was ich tun könnte. Ich nahm den Korb mit mir und spazierte zur Gemeindeschule, der *Mädchenschule*, weißt Du – und ich fragte die Direktorin: »Wie viele kleine Mädchen sind denn heute in der Schule?«

»Genau 250, mein Herr.«

»Und sind die alle den ganzen Tag *sehr* brav gewesen?«

»So brav wie Bräute, mein Herr.«

Da wartete ich vor der Tür mit meinem Korb, und jedem kleinen Mädchen steckte ich beim Herauskommen ein seidenweiches Kätzchen in die Hände! Ach, was war das für eine Lust! Die kleinen Mädchen liefen alle tanzend nach Hause, wiegten ihre Kätzchen, und die ganze Luft war voller Geschnurr! Am nächsten Morgen dann ging ich zur Schule, bevor sie anfing, um mich bei den kleinen Mädchen zu erkundigen, wie sich die Kätzchen die Nacht über benommen hatten. Und sie kamen alle schluchzend und weinend an, und ihre Gesichter und Hände waren sämtlich zerkratzt, und sie hatten die Kätzchen in ihre Lätzchen eingewickelt, damit sie nicht mehr kratzen konnten. Und sie schluchzten heraus: »Die Kätzchen haben uns gekratzt – die ganze Nacht, die ganze Nacht.«

Da mußte ich mir dann sagen: ›Was für ein nettes kleines Mädchen die Maggie doch ist. *Jetzt* verstehe ich, warum sie alle diese Handschuhe geschickt hat, und warum viermal soviel Handschuhe wie Kätzchen da sind!‹ Und laut sagte ich zu den kleinen Mädchen: »Macht euch nichts draus, meine lieben Kinder, seid beim Unterricht *sehr* gut bei der Sache und weint nicht mehr, und wenn die Schule aus ist, findet ihr mich wieder an der Tür, und ihr werdet sehen, was ihr sehen werdet!«

Am Abend also, als die kleinen Mädchen herausgerannt kamen, mit den Kätzchen, die immer noch in die Lätzchen gewickelt waren, stand ich da, an der Tür, mit einem großen Sack! Und jedem kleinen Mädchen steckte ich beim Herauskommen zwei Paar Handschuhe in die Hand! Und jedes kleine Mädchen wickelte sein Lätzchen auf und nahm ein zorniges Kätzchen heraus, das spuckte und murrte, und die Klauen standen heraus wie die Stacheln bei einem Igel. Aber es hatte keine Zeit zum Kratzen, denn im Nu fand es alle seine vier Klauen in hübsche weiche warme Handschuhe gesteckt! Und da wurden die Kätzchen ganz gutgelaunt und sanft und begannen wieder zu schnurren!

So liefen also die kleinen Mädchen wieder tanzend nach Hause, und am nächsten Morgen kamen sie tanzend in die Schule zurück. Die Kratzer waren alle ausgeheilt, und zu mir sagten sie: »Die Kätzchen sind *so* brav gewesen!« Und wenn ein Kätzchen eine Maus fangen will, zieht es einfach *einen* seiner Handschuhe aus; und wenn es *zwei* Mäuse fangen will, zieht es *zwei* Handschuhe aus; und wenn es *drei* Mäuse fangen will, zieht es *drei* Handschuhe aus; und wenn es *vier* Mäuse fangen will, zieht es alle seine Handschuhe aus. Aber im Augenblick, wo sie die Mäuse gefangen haben, schlüpfen sie wieder in ihre Handschuhe hinein, denn sie wissen, daß wir sie ohne ihre Handschuhe nicht streicheln und gern haben können. So hängen Handschuhe und Streicheln doch wieder zusammen.

Alle kleinen Mädchen sagten dann: »Bitte sag Maggie vielen Dank, und wir würden sie 250mal streicheln und 1000mal küssen für ihre 250 Kätzchen und 1000 Handschuhe!!« Und ich sagte ihnen, der Auftrag wäre verkehrt herum, und sie sagten, das wäre nicht wahr.

Dein Dich liebender Onkel
C. L. D.

29. *Effie Millais*

Nov 6, 1893.

My dear Edith,
I was very much pleased to get your nice little letter: and I hope you won't mind letting Maud have the Nursery "Alice", now that you have got the real one. Some day I will send you the other book about "Alice", called "Through the Looking-Glass." but you had better not have it just yet, for fear you should get them mixed in your mind. Which would you like best, do you think, a horse that drew you in a cab, or a lady that drew your picture, or a dentist, that drew your teeth, or a Matter, that drew you into her arms, to give you a kiss? And which would you rather put the other in? Do you find looking-glass writing easy to read? I remain
Your loving, Lewis Carroll.

An Edith Ball

9. November 1893

Meine liebe Edith,

Ich habe mich über Dein schönes Briefchen sehr gefreut, und ich hoffe, es macht Dir nichts aus, wenn Du die Kindergarten-Alice an Maud weiterschenkst, wo Du jetzt doch die wirkliche bekommen hast. Irgendwann schicke ich Dir einmal das andere Buch über Alice, das ›Hinter den Spiegeln‹ heißt, aber Du sollst es gerade jetzt lieber noch nicht haben, damit die beiden nicht in Deinem Kopf durcheinandergeraten. Was, glaubst Du wohl, hättest Du am liebsten: ein Pferd, das Dich in einer Kutsche zieht, oder einen Onkel, der ein Los zieht, oder einen Zahnarzt, der Deine Zähne zieht, oder ein Zimmer, in dem es (es!) zieht, oder eine Mutter, die Dich in ihre Arme zieht, um Dir einen Kuß zu geben? Und in welcher Reihenfolge kämen bei Dir die anderen Sachen? Findest Du Spiegelschrift leicht lesbar?

Ich verbleibe Dein Dich liebender

Lewis Carroll.

An Mabel Scott

Ch. Ch., Oxford
29. März 1894

Lieber Himmel, lieber Himmel. Wohin um Gottes willen kommt's mit der Gesellschaft! Hier ist eine junge Person über 17 (das mutmaße ich), die ›alle ihre Liebe‹ einem jungen Herrn unter 70 (dafür garantiere ich) schickt!

Offensichtlich hat man Dir Deinen Kopf mit Anagrammen verdreht. Deine Vorstellung von einem guten Anagramm ist zweifellos

AM LIEBSTEN? IST MABEL!

(d. h. ›Wer ist zur Zeit die liebenswerteste junge Dame auf der Welt?‹ Es ist die-und-die.‹)

Das ist alles schön und gut: doch ich kann ein viel besseres Anagramm machen:

ABER SIEH MABEL? EI, SEHR BLAMABEL!

(d. h. ›In welchem Zustand befindet sich so-und-so im Augenblick?‹ ›Sie ist in einer solchen Geistesverfassung, daß alle Freunde nach reiflicher Überlegung den Kopf über sie schütteln!‹)

Versichre Edith bitte meiner Liebe, und empfange Du (es ist alles Dein Fehler, wie Du weißt, nicht meiner)

meine herzlichen Grüße
Dein C. L. Dodgson.

An Edith Blakemore
The Chestnuts, Guildford,
1. Januar 1895

Ja, meine liebe Edith. Du hast ganz recht: es *ist* lange her, seit Du zuletzt von mir gehört hast. Ich muß sogar feststellen, daß ich Dir seit dem 13. November des letzten Jahres nicht geschrieben habe. Aber was tut's? Du hast doch Zugang zu den Tageszeitungen. Gewiß findest Du dort, sozusagen in umgekehrter Richtung, heraus, daß es mir gutgeht. Lies zunächst sorgfältig die Spalte der Bankrotterklärungen durch; dann überfliege die Polizeiberichte; und wenn Du meinen Namen nirgends findest, kannst Du Deiner Mutter in einem Ton stiller Befriedigung sagen, ›Herrn Dodgson geht es *gut*.‹

Ich habe mir hierher, als eine Art Ferienbeschäftigung, ein Bündel von 50 oder mehr Briefen mitgebracht, die beantwortet werden wollen – es kostet *große* Energie, damit überhaupt anzufangen. Du denkst vielleicht, daß der Anfang um so leichter ist, je mehr da sind: aber das stimmt nicht. Wenn Du *ein* Hammelkotelett vor Dir hast, kannst Du es essen: aber nimm einmal an, ich würde Dir 50 auf einmal auf den Teller legen, hättest Du dann das Herz anzufangen? Alle Zeit, die mir das Schreiben an kleine Mädchen wie Dich übrigläßt, verbringe ich damit, meine ›Logik‹* für Kinder zu schreiben. Ich hoffe, daß ich sie Ostern herausbringen kann. Ich denke, ich werde Dir ein Exemplar schicken, im Falle, daß Du immer noch ein Kind bist. Ich wünsche Euch allen ein sehr glückliches Neues Jahr und verbleibe mit herzlichen Grüßen.
stets Dein C. L. D.

* Symbolic Logic, Part I, 1896

An Dorothy Joy Lane Poole

Christ Church, Oxford
11. November 1896

Meine liebe Dorothy,
[...]
Nachdem ich nun ein Jahr oder zwei (mehr oder weniger) habe verstreichen lassen, um Dir Zeit zu geben, daß Du Dich erholen kannst, schreibe ich heute, um Dich zu fragen, ob Du am nächsten Samstagabend nichts vorhast, und, wenn ja, ob ich Dich um halb sieben zu einer meiner erlesenen Abendessensgesellschaften abholen darf.

Die *Anzahl* der Gäste soll Dich nicht erschrecken: es werden ,99999... sein. Das sieht erschreckend aus, zugegeben: aber periodische Zahlen verlieren viel von ihrer Großspurigkeit, wenn man sie auf gemeine Brüche reduziert!

Zwei Dinge dürfen nicht unerwähnt bleiben –

Erstens, Abendkleid ist *nicht* erbeten – ich selber trage einen Morgenanzug; weshalb sollten meine Gäste zeremonieller sein? (Ich *hasse* wahrlich alle Zeremonie!)

Zweitens: was trinkst Du gewöhnlich zum Essen? Meine Damengäste bevorzugen meist Limonade vom Faß – doch Du kannst Dir jedes beliebige Getränk der folgenden Liste aussuchen:
1) Flaschenlimonade
2) Ginger-Bier;
3) Bier;
4) Wasser;
5) Milch;
6) Essig;
7) Tinte.

Niemand hat sich bis jetzt für die Nummern 6 oder 7 entschieden.

Übrigens gehören zum ›Morgenanzug‹ auch Morgenschuhe (oder Stiefel). Mach Dir also nicht die Mühe, Abendschuhe mitzubringen, falls es Dir nicht ausgesprochen unbequem ist, die anderen anzuziehn. In diesem Fall wäre es vielleicht das beste, wenn Du in solchen niedlichen Saffianpantöffelchen mit Pelzbesatz kämst. (N. B. Ich wollte einmal ein Paar Pantoffeln dieser Art für mich kaufen, bekam aber nur die niederschmetternde Antwort: »Pantoffeln dieser Art werden *nur* von Damen getragen!«)

Herzlichst Dein
C. L. Dodgson.

30. Xie Kitchin

An Florence Jackson

Ich schicke Dir diese Fabel aus zwei Gründen. Der eine ist der, daß Du in einem Brief an mich geschrieben hast, ich sei ›klug‹, und der zweite, daß Du es in Deinem nächsten Brief wieder gesagt hast! Und jedesmal dachte ich, »Ich muß ihr wirklich schreiben und sie bitten, nicht solches Zeug zu schreiben; so etwas zu lesen ist ungesund für mich.«

Die Fabel ist folgende. Die kalte, frostige, schneidende Luft – das ist die Behandlung, die einem gewöhnlich von der Welt widerfährt: also zum Beispiel Verachtung oder Tadel oder Vernachlässigung; das alles ist sehr gesund. Und die heiße trockene Luft, die Du atmest, wenn Du ans Feuer läufst, die ist das Lob, das man von seinen jungen, glücklichen, rosigen, ich darf sogar sagen *blühenden* Freunden bekommt! Und das ist sehr schlecht für mich und führt zu Stolzfieber und Einbildungshusten und derlei Krankheiten.

Ich bin aber sicher, Du willst nicht, daß ich mit allen diesen Krankheiten das Bett hüten muß; drum lobe mich also bitte *nie* wieder!

An May Barber

The Chestnuts, Guildford
12. Januar 1897

Meine liebe May,
Auf Deine Frage – ›Wer war denn nun eigentlich das Schnark?‹ – würdest Du bitte Deiner Freundin sagen, daß das Schnark ein *Buuhdschamm* war. Ich bin sicher, daß Ihr beide mit dieser Antwort glücklich und zufrieden sein werdet.

Soweit ich mich entsinne, hatte ich gar keine andere Bedeutung im Kopf, als ich das Gedicht schrieb. Aber inzwischen haben die Menschen sich die Köpfe zerbrochen, um die Bedeutungen zu finden. Am besten gefällt mir die (die zum Teil, glaube ich, von mir selbst stammt), wonach das Gedicht als eine Allegorie über die Jagd nach dem Glück gelesen werden kann. Der charakteristische ›Ehrgeiz‹, das ›Streben‹ paßt gut in diese Theorie – und ferner seine Liebe zu Badekarren, als Beispiel dafür, daß der Glückssucher, wenn alle anderen Mittel versagt haben, sich in einem letzten und verzweifelten Versuch an einen dieser jämmerlichen Seebadeorte wie Eastbourne verfügt und dort, in der lästigen und deprimierenden Gesellschaft der Töchter der Lehrerinnen von Internaten, das Glück zu finden hofft, das ihm anderswo zu finden versagt blieb.

Mit allen guten Wünschen für Dein Glück und für das unschätzbare Gut der Gesundheit ebenfalls, verbleibe ich

herzlichst immer Dein
C. L. Dodgson

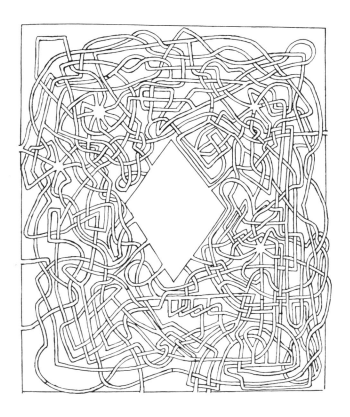

An alle Kinder,
die Alicens Abenteuer im Wunderland lesen

Liebe Kinder.

Zur Weihnachtszeit sind ein paar ernste Worte nicht ganz unangebracht, so hoffe ich, selbst wenn sie am Schluß eines Unsinnbuches stehen – und ich möchte diese Gelegenheit wahrnehmen und den Tausenden von Kindern, die *Alicens Abenteuer im Wunderland* gelesen haben, für die Aufmerksamkeit danken, die sie meinem kleinen Traumkind geschenkt haben.

Der Gedanke an die vielen englischen Kamine, an denen glückliche Gesichter sie schmunzelnd willkommen hießen, und an die vielen englischen Kinder, denen sie eine Stunde unschuldiger Freude (wie ich glauben möchte) geschenkt hat, ist einer der lichtvollsten und angenehmsten Gedanken meines Lebens. Ich habe bereits eine große Schar junger Freunde, deren Namen und Gesichter ich kenne – aber ich habe das Gefühl, als hätte ich, durch *Alicens Abenteuer*, mit vielen vielen anderen lieben Kindern Freundschaft geschlossen, deren Gesichter ich niemals sehen werde.

Allen meinen kleinen Freunden, den bekannten und den unbekannten, wünsche ich von ganzem Herzen ›Eine Fröhliche Weihnacht und ein Glückliches Neues Jahr‹. Gott möge Euch segnen, liebe Kinder, und jede Weihnachtszeit, von Jahr zu Jahr, noch strahlender und schöner als die letzte machen – strahlend von der Gegenwart unseres unsichtbaren Freundes, der dereinst auf Erden die kleinen Kinder segnete – und schön durch die Erinnerungen an ein liebendes Leben, welches das wahrste

Glück suchte und fand, das einzige Glück, das zu besitzen sich wirklich verlohnt, das Glück, auch andere glücklich zu machen.
       Sehr herzlich, Euer Freund
Weihnachten 1871
           Lewis Carroll.

Lewis Carroll
Acht oder neun weise Worte übers Briefeschreiben

Wie man einen Brief anfängt

Wenn der Brief die Antwort auf einen anderen Brief sein soll, beginne damit, daß du diesen Brief vorholst und durchliest, um dich wieder zu erinnern, was du zu beantworten hast und wie die *augenblickliche Adresse* deines Partners lautet (andernfalls wirst du deinen Brief an seine übliche Adresse in *London* schicken, wo er dir doch sorgsam seine volle Adresse in *Torquay* aufgeschrieben hat).

Als nächstes adressiere und frankiere das Kuvert. »Was! Bevor ich den *Brief* schreibe?« Allerdings. Und ich sag dir, was passiert, wenn du's nicht tust. Du wirst schreiben und schreiben, bis zur letzten Minute, und genau in der Mitte des letzten Satzes wirst du merken, daß du keine Zeit mehr hast! Dann kommt die übereilte Schußfloskel – die wild hingekritzelte Unterschrift – das hastig zugeklebte Kuvert, das in der Post wieder aufgeht – die Adresse, eine reine Hieroglyphe – die furchtbare Entdeckung, daß du vergessen hast, dir Briefmarken zu besorgen – der irre Appell an jeden im Haus, dir eine Marke zu borgen – der Lauf zur Post, Hals über Kopf, wo du, erhitzt und japsend, ankommst, wenn der Schalter gerade geschlossen worden ist – und schließlich, eine Woche später, die Rücksendung des Briefs, vom Amt für unzustellbare Postsachen, mit der Aufschrift ›Adresse unleserlich‹!

Als nächstes, schreib deine eigene Adresse, *vollständig*, an den Kopf des Briefbogens. Es ist etwas Ärgerliches – ich spreche aus bitterer Erfahrung – wenn ein Freund, der inzwischen eine neue Adresse hat, seinen Brief lediglich mit ›Dover‹ überschreibt, des Glaubens, du könntest den Rest der Adresse seinem letzten Brief entnehmen, den du vielleicht vernichtet hast. Als nächstes, schreib das *vollständige* Datum hin. Es ist nicht minder ärgerlich, wenn du nach Jahren eine Reihe von Briefen ordnen willst und als Datum ›17. Febr.‹, ›2. Aug.‹ findest, ohne Jahresangabe, die dir sagt, welcher zuerst kommt. Aber keinesfalls, keinesfalls, gnädige Frau (N. B. diese Bemerkung richtet sich *nur* an Damen: kein *Mann* würde so etwas jemals tun), dürfen Sie einfach ›Mittwoch‹ als Datum hinzusetzen!

»*Zum Wahnsinn führet dieser Weg.*«

Wie man mit einem Brief fortfährt
Hier ist eine goldene Regel zu Anfang: *Schreib leserlich*. Die Durchschnittslaune der Menschheit würde sich merklich versüßen, wenn jeder diese Regel befolgte! Ein Großteil des schlechten Schreibens in der Welt kommt einfach daher, daß man zu *schnell* schreibt. Natürlich wirst du mir antworten: »Ich tu das, um *Zeit* zu sparen.« Ein sehr guter Einwand, ohne Zweifel: doch welches Recht hast du, dies auf Kosten deines Freundes zu tun? Ist *seine* Zeit nicht ebenso wertvoll wie deine? Vor Jahren bekam ich Briefe von einem Freund – und sehr interessante Briefe dazu –, geschrieben in einer der greulichsten Handschriften, die je erfunden wurden. Ich brauchte gewöhnlich eine *Woche*, um einen einzigen seiner Briefe zu lesen! Ich trug ihn in der Tasche mit mir herum, holte ihn, wenn ich gerade Zeit hatte, heraus, um mir über die Rätsel, aus denen er zusammengesetzt war, den Kopf zu

zerbrechen, hielt ihn schräg und verkehrt herum, näher ans Auge und wieder weiter entfernt, bis mir schließlich die Bedeutung irgendeiner hoffnungslosen Kritzelei dämmerte und ich sofort das Englische darunterschrieb; und wenn mehrere solcher Kritzeleien erraten waren, konnte einem der Zusammenhang bei den anderen helfen, bis endlich die ganze Hieroglyphenreihe entziffert war. Wenn *alle* unsere Freunde so schrieben, brauchte man das ganze Leben über nichts zu tun, als ihre Briefe zu lesen!

Diese Regel gilt besonders für Personen- und Ortsnamen – und *ganz* besonders für *ausländische* Namen. Ich bekam einmal einen Brief, in dem ein paar russische Namen standen, die in derselben hastigen Art hingekritzelt waren, in der man gewöhnlich »freundliche Grüße« schreibt. Der *Zusammenhang* half mir natürlich nicht im mindesten: und *eine* Schreibweise war genauso wahrscheinlich wie die *andere* – soweit wie *ich* etwas davon verstand. So war es nötig, an den Freund zu schreiben und ihm zu sagen, daß ich keinen einzigen seiner Namen lesen könnte.

Meine zweite Regel: Fülle nicht mehr als anderthalb Seiten mit Entschuldigungen, nicht eher geschrieben zu haben!

Das beste Thema für den Brief*anfang* ist der letzte Brief deines Freundes. Während du schreibst, leg den Brief offen vor dich hin. Beantworte seine Fragen, und geh auf alles ein, was er in seinem Brief anschneidet. *Dann* komm zu dem, was du selbst zu sagen hast. Diese Anordnung ist höflicher und freundlicher für den Leser, als den Brief mit deinen eigenen wertlosen Bemerkungen zu füllen und dann die Fragen deines Freundes hastig in einer Nachschrift zu beantworten. Es ist viel wahrscheinlicher, daß sich dein Freund an deinem Witz erbaut, *nachdem* sein Verlangen nach Information befriedigt worden ist.

Wenn du dich auf irgend etwas beziehst, das dein Freund in seinem Brief gesagt hat, ist es am besten, *den genauen Wortlaut zu zitieren*, und nicht eine Zusammenfassung mit deinen eigenen Worten zu geben. Was sich A unter dem, was B gesagt hat, vorstellt, ausgedrückt in den Worten des A, wird B nie die Bedeutung seiner eigenen Worte übermitteln.

Dies wird besonders dann nötig, wenn eine Streitfrage aufgekommen ist, über die sich die beiden Korrespondenten nicht ganz einigen können. Sätze wie die folgenden dürfte es nicht geben: »Du bist völlig auf dem Holzweg, wenn Du denkst, ich hätte das-und-das gesagt. Das habe ich nicht im geringsten gemeint etc. etc.« Denn dann besteht die Tendenz, daß die Korrespondenz ein Leben lang dauert.

Ein paar weitere Regeln für solche Korrespondenz, die unseligerweise in Streit ausgeartet ist, kann ich mit Fug hierhersetzen.

Die eine ist: *Wiederhole dich nicht.* Wenn du einmal, klar und ausführlich, zu einem bestimmten Thema gesagt hast, was du zu sagen hattest, und es dir nicht gelungen ist, den Freund zu überzeugen, *laß das Thema fallen*: wenn du deine Argumente samt und sonders wiederholst, führt das nur dazu, daß der Freund dasselbe tut; und so werdet ihr fortfahren, wie eine periodische Zahl. *Ist es dir je begegnet, daß eine periodische Zahl zu einem Ende kam?*

Eine weitere Regel ist die: Wenn du einen Brief geschrieben hast, bei dem du das Gefühl hast, daß er deinen

Freund irritieren könnte, wie nötig es dir auch immer geschienen haben mag, ihn *so* abzufassen, *leg ihn beiseite bis zum nächsten Tag*. Dann lies ihn wieder und stell dir vor, er wäre an dich gerichtet. Dies wird oft dazu führen, daß du den ganzen Brief noch einmal schreibst, viel von dem Essig und Pfeffer heraustust und statt dessen Honig hineinstreichst und solcherart ihm ein viel genießbareres Mahl auftischst! Wenn du dein Bestes getan hast, unverfänglich zu schreiben, trotzdem aber das Gefühl hast, daß es wahrscheinlich zu weiteren Differenzen führen kann, *heb dir eine Abschrift auf*. Es hat sehr wenig Zweck, nach Monaten zu plädieren: »Ich bin beinah sicher, daß ich mich nicht so, wie Du sagst, ausgedrückt habe; soweit ich mich erinnere, sagte ich so-und-so.« *Weit* besser ist es, wenn man schreiben kann: »Ich habe mich *nicht* so ausgedrückt: dies waren meine Worte...«

Meine fünfte Regel: Wenn dein Freund eine böse Bemerkung macht, übersieh sie entweder, oder sei in deiner Antwort ausgesprochen *weniger* böse: und wenn er eine freundliche Bemerkung macht, in der Absicht, die kleine Differenz, die es zwischen euch gegeben hat, ›auszubügeln‹, dann antworte du *noch* freundlicher. Wenn es beide Parteien, wo es sich darum handelt, einen Streit vom Zaun zu brechen, ablehnen, mehr als drei Achtel des Wegs zu gehen, und wenn beide, wo es darum geht, Freundschaft zu schließen, bereit wären, fünf Achtel des Wegs zu gehen – nun, dann gäbe es mehr Versöhnungen als Streitereien! Das klingt wie der Verweis, den der Ire seiner vergnügungssüchtigen Tochter erteilte: »Himmel, du gehst einfach *immer* aus! Für *einmal*, daß du daheim bist, gehst du *dreimal* aus!«

Meine sechste Regel (und mein letztes Wort über Briefschreiber, die sich zerstritten haben): *Versuche nicht, das letzte Wort zu haben!* Manch ein Zwist könnte sich im Keim ersticken lassen, wenn jeder alles daransetzte, den *andern* das letzte Wort haben zu lassen! Mach dir nichts draus, eine wie schlagende Erwiderung du ungeschrieben läßt: mach dir nicht draus, wenn dein Freund vermutet, du schwiegst nur deshalb, weil dir nichts mehr einfiele: laß das Thema fallen, sobald das ohne Unhöflichkeit möglich ist: denk dran: Reden ist Silber, Schweigen ist Gold! (N. B. Wenn du ein Mann bist und dein Briefpartner eine Frau, erübrigt sich die Regel: *du kriegst das letzte Wort nie!*)

Meine siebente Regel: Wenn es dir je einfällt, im Spaß *abschätzig* von deinem Freund zu schreiben, gib acht, daß du genügend übertreibst, daß der Spaß *deutlich* wird: ein im *Spaß* hingesagtes Wort, das *ernst* aufgefaßt wird, kann sehr schwerwiegende Folgen haben. Ich habe erlebt, daß es zum Abbruch einer Freundschaft geführt hat. Nimm zum Beispiel an, du willst einen Freund an die fünf Mark, die du ihm geliehen hast, erinnern, weil er vergessen hat, sie zurückzuzahlen – da kannst du diese Worte durchaus im Spaß *meinen:* »Ich erwähne es, da Du ein Dir sehr zupaß kommendes schlechtes Gedächtnis für Schulden zu haben scheinst«; dennoch braucht man sich nicht zu wundern, wenn er sich durch die Art, wie du es ausdrückst, beleidigt fühlt. Nimm aber einmal an, du schreibst: »Da ich Deine Laufbahn als Taschendieb und Einbrecher lange genug verfolgt habe, bin ich zu der Überzeugung gelangt, daß meine eine, dahinschmachtende Hoffnung, die fünf Mark, die ich Dir geliehen habe, zurückzubekommen, nur Aussicht hat, erfüllt zu werden, wenn ich sage: ›Geld her, oder ich schick Dir die Polizei auf den Hals!‹« – dann wäre er weiß Gott ein pedantischer Freund, wenn er *das* für ernst gemeint hielte!

Meine achte Regel: Wenn du in deinem Brief schreibst: »Ich lege einen Scheck über 5 Pfund bei« oder »Ich lege einen Brief von John für Dich zur Lektüre bei«, so hör einen Moment mit Schreiben auf – geh und hole die erwähnte Anlage – und *steck sie in den Umschlag*. Andernfalls kannst du ziemlich sicher sein, daß sie noch herumliegt, *wenn der Brief längst fort ist*.

Meine neunte Regel: Wenn du ans Ende einer Seite kommst und feststellst, daß du noch mehr zu sagen hast, nimm ein neues Stück Papier – ein ganzes Blatt oder ein Stückchen, wie es gerade nötig ist; doch, was immer du tust, *schreib nicht quer!* Denk an das alte Sprichwort: ›*Wer quer schreibt, wird quer gelesen.*‹ »Das *alte* Sprichwort?« sagst du, ungläubig fragend. »*Wie* alt?« Na ja, nicht so *sehr* alt, das muß ich zugeben. In der Tat, ich hab's grade erst erfunden, als ich diesen Abschnitt schrieb! Trotzdem, du weißt ja, ›alt‹ ist ein *relatives* Wort. Ich glaube, du hättest *vollkommen* recht, wenn du ein grade ausgeschlüpftes Küken mit ›Alter Knabe‹ anredetest, *im Vergleich* zu einem anderen Küken, das erst zur Hälfte ausgeschlüpft ist!

Wie man einen Brief aufhört
Wenn du im Zweifel bist, ob du mit ›Hochachtungsvoll‹ aufhören sollst oder mit ›Ihr ergebener‹ oder ›Ihr sehr ergebener‹ etc. (es gibt mindestens ein Dutzend Variatio-

nen, bevor du zu den ›herzlichen Grüßen‹ kommst), sieh dir den letzten Brief deines Partners noch einmal an und mach deine Schlußfloskel *mindestens so freundlich wie seine*: ja, wenn sie eine Schattierung *freundlicher* ausfällt, wird das nichts schaden!

Ein Postscriptum ist eine sehr nützliche Erfindung: doch es ist *nicht* dafür da (wie so viele Damen vermuten), das eigentliche *Salz* des Briefes zu enthalten: es dient eher dazu, alle Kleinigkeiten, die wir nicht unbedingt an die große Glocke hängen wollen, so nebenbei anzufügen. Zum Beispiel hatte dein Freund versprochen, für dich eine Besorgung in der Stadt zu machen, hatte es dann aber vergessen und dich dadurch in große Unannehmlichkeiten gebracht: und nun schreibt er und entschuldigt sich für seine Nachlässigkeit. Es wäre grausam und überflüssig demütigend, dies zum Hauptthema deiner Antwort zu nehmen. Wieviel angenehmer präsentiert es sich so: »P. S. Mach Dir weiter keine Sorgen, daß Du diese Nebensächlichkeit in der Stadt vergessen hast. Ich bestreite nicht, daß dies damals meine Pläne ein wenig durcheinander gebracht hat: doch jetzt ist alles in Ordnung. Ich selbst vergesse oft genug alles mögliche: und wer im Glashaus sitzt, soll nicht mit Steinen werfen, das weißt Du ja!« Wenn du deine Briefe zur Post bringst, *trag sie in der Hand*. Wenn du sie in deine Tasche steckst, wirst du einen langen Spaziergang machen (ich rede aus Erfahrung), *zweimal* am Postamt vorbeilaufen, beim Ausgehen und bei der Rückkehr, und, wenn du heimkommst, werden sie *immer noch* in deiner Tasche sein.

Klaus Reichert
Der geheime Verführer

Gern bleibt die Zeit da stehen, wo einer sich in sie verrannt hat. Der verrückte Hutmacher im Wunderland muß es büßen, daß er sie hatte totschlagen wollen: von Stund an bleibt es 6 Uhr, Teezeit. Lewis Carroll, der in jeder Gestalt seiner Bücher eine Schicht der eigenen zwiebelschaligen Person vorgezeigt hat, hat auch im Hutmacher ein privates Dilemma, unbewußt freilich, gestaltet: zu leben und dennoch sich nicht von der Stelle rühren zu können, weil die Zeit stehengeblieben ist. In der Kindheit nämlich. In den Jahren zwischen Ödipus-Phase und Pubertät, von 6 bis 12 grob gerechnet, wo der Mensch die größtmögliche Immunität dem Geschlechtlichen gegenüber besitzt. Diesen Abschnitt zu wiederholen war Carroll sein Leben lang gezwungen. Sein Spielraum war, am Teetisch des Hutmachers – rund wie ein circulus vitiosus – von Platz zu Platz wechseln zu dürfen: die kleinen Mädchen, die ihm die Kindheit immer wieder durchzuspielen halfen, waren Legion.

Der 1832 geborene Charles Lutwidge Dodgson – als Kinderschriftsteller nannte er sich Lewis Carroll – hatte 7 Schwestern und zwei jüngere Brüder. Der ländliche Pfarrgarten in Daresbury, später in Croft, war das Reich, in dem er herrschte, absolut und huldvoll, ein König, der nur für seine Untertanen existierte, die ihrerseits nur für ihn existierten. (Alice wird später in diesen Garten lange vergeblich einzudringen versuchen.) Dort hat er den Geschwistern Geschichten und Spiele ersonnen, Gedichte geschrieben – geistreich, paradox und unsinnig bereits wie das, was ihn später berühmt gemacht hat. Am Anfang stand wohl die Imitation des abgöttisch verehrten Vaters, des mathematisch hochbegabten Archdeacon Charles Dodgson, dessen einer erhaltener Brief an den Sohn andeutungsweise zeigt, wo der Carrollsche Unsinn herstammt. Vielleicht hat die nie ganz geglückte Identifikation mit dem Vater auch die Schuld daran, daß für Charles die eigene Identität immer wieder verrutschte, sich nie genau fassen ließ. Die stete Rückkehr in die Kindheit, nachdem er ihr an Jahren längst entwachsen ist, bedeutet dann nicht nur die Rückkehr ins verlorene Paradies, sondern zugleich die Suche nach der Stelle, wo das Ich sich abhanden gekommen ist.

Identität, die eigene und die der Dinge und Begriffe, ist für Charles L. Dodgson von früh an fragwürdig gewesen. In den im Pfarrhaus zu Croft verfaßten Unsinngeschichten gibt er den jüngeren Geschwistern bereits das Problem zu bedenken. So wenn er fragt: wo verläuft die Grenze zwischen Dienstag und Mittwoch; es ist doch denkbar, daß man gleichsam mit der Sonne um die Erde reist; und nach 24 Stunden hätte der Tag einen anderen Namen, ohne daß irgendeine Zäsur sichtbar gewesen wäre; wieso; wann und wo haben die Namen sich geändert? Identität ist für Dodgson nie distinkt, nie fix-und-fertig; sie schillert im Blick wie ein Vexierbild. Was er schreibt, was er zeichnet, läßt sich aus dieser Schwierigkeit, Identität zu fassen, verstehen. Personen, Dinge und Wörter werden mindestens gespiegelt oder in ihre Bestandteile zerlegt und dann anders zusammengesetzt. Das präsentiert immerhin eine auch denkbare Identität. Was so entsteht, kann indessen den herkömmlichen Sinnkategorien nicht einbeschrieben werden. Darum hat man ihm verlegen den Stempel ›Unsinn‹ aufgedrückt. Die ›wirkliche‹ Welt ist für Carroll ein Grenzfall aller möglichen Welten, so wie die euklidische Geometrie Grenzfall aller möglichen Geometrien ist.

Die Suche nach der Identität – das ist der geheime Motor jeder Zeile, die Carroll geschrieben hat. Im Motiv der Verwandlung spricht sie sich am liebsten aus. Alice wird größer oder kleiner, je nachdem, was sie ißt oder trinkt; das Baby der Herzogin wird in ihren Armen zum Schwein; jedem viktorianischen Schulkind bekannte Reime werden durch Austausch einzelner Wörter entstellt und ergeben neuen Sinn, der den alten – im Ton, im Rhythmus – stets mitdenkt; das Feenkind Sylvie im Alterswerk *Sylvie und Bruno* ist Lady Muriel – Lady Muriel ist Sylvie. Die Suche nach der Identität – sie drückt sich auch darin aus, daß Dodgson, der Puritaner, eine mit seinem Stand unvereinbare Liebe, ja Leidenschaft für das Theater hatte, die ihm übrigens den Zorn von Bischof Wilberforce zuzog und seiner endgültigen Ordination als Geistlicher, ohne die er es im Oxford des Konfessionsstreits zu keiner regulären Professur bringen konnte, im Weg stand. Und sie findet scheinbar ein kompensatorisches Ventil: die Photographie. Carroll photographierte seit 1856. (Seit einem Jahr hatte das billige Collodionverfahren eine photographische Massenhysterie in England ausgelöst; sogar die Königin ließ sich eine eigene Dunkelkammer in Windsor Castle einrichten.) Neben den üblichen Geräten kaufte Carroll sich einen ganzen Schnürboden mit Kulissen und Kostümen zusammen, vor denen, in die er seine Kinder drapierte. Der Zwang zur

Verwandlung nämlich – Scharaden, die modischen ›Lebenden Bilder‹, aber auch Typen – ließ sich selbst in diesem Medium, das doch immerhin die Fiktion von Identität lieferte, nicht suspendieren.

Dennoch hat er sich, als er zu veröffentlichen begann, wenigstens auf zwei Identitäten festgelegt: Reverend Charles Lutwidge Dodgson, Mathematik-Dozent, Linkshänder, Stotterer, Menschenfeind; und Lewis Carroll, Unsinndichter und Kinderfreund. Beide, erzwungenen, Identitäten wollte er strikt geschieden wissen. Je älter er wurde, desto peinlicher trennte er sie: Briefe, die an ›Lewis Carroll, Christ Church College‹ gerichtet waren, returnierte er entweder mit dem Vermerk ›Adressat unbekannt‹ oder übergab sie dem ›Dead Letter Office‹.

Die Schauspielerin Isa Bowman, eine Freundin der letzten Lebensjahre, hat in ihren Erinnerungen an Carroll eine hübsche Episode mitgeteilt. Sie berichtet, wie unvermittelt eine Person in die andere umschlagen konnte; Dodgson führte sie einmal zum Panorama der Niagarafälle und erzählte ihr verrückte Geschichten über den Hund im Vordergrund, »der, wie er sagte, in Wirklichkeit lebendig wäre, den man aber abgerichtet hätte, stundenlang regungslos dazusitzen. Und er fügte andere absurde Details hinzu: daß wir, wenn wir lange genug warteten, den Wärter sehen könnten, der ihm einen Knochen brächte, daß er soundso viele Stunden am Tag frei hätte, wenn sein Bruder, der unseligerweise ziemlich wild sei, seinen Platz einnähme, und daß dieses schlecht erzogene Tier einmal geradewegs aus dem Panorama unter die Zuschauer gesprungen wäre, weil ihn das Brötchen in der Hand eines kleinen Mädchens gereizt hätte, und so fort. Plötzlich begann er zu stottern, und als ich mich alarmiert umschaute, sah ich, daß sich ein Dutzend Erwachsener und Kinder um uns geschart hatten und mit jedem Anzeichen amüsierten Interesses zuhörten. Und es war nicht Herr Carroll, sondern ein sehr verwirrter Herr Dodgson, der mich an der Hand nahm und rasch von der Szene führte.«

Vom Fenster des kleinen Zimmers hinter der Bibliothek in Christ Church College – seit 1855, seit er Unterbibliothekar war, durfte er es benutzen – blickte er in den Grasgarten der Deanery. Dort spielten drei kleine Mädchen, Alice, Lorina und Edith, die ältesten Töchter seines Vorgesetzten, des Dean Dr. Liddell, der drinnen am Stehpult sein heute noch benutztes ›Greek Lexicon‹ kompilierte. Die Freundschaft mit Alice gehört zu den geheimnisvollsten und am ausgiebigsten beredeten Liaisons der Viktorianischen Ära. (Spektakulärere, wie die Rossettis mit Elizabeth Siddal, der der Dichter die einzige Handschrift seiner besten Gedichte ins frühe Grab mitgab – um sie acht Jahre später wieder auszugraben und zu veröffentlichen – gehören längst zu den Kuriosa dieser Epoche.) Kein Mädchen hat Carroll häufiger photographiert als Alice, für sie hat er seine beiden berühmtesten Bücher geschrieben. Liebte er die 20 Jahre Jüngere über das Maß des damals Erlaubten? Wollte er sie heiraten? Wir wissen es nicht. Nur, daß die schöne, spanischblütige Mutter alle Briefe an die Tochter verbrannte und ihm das Haus verbot. Und daß der Neffe Stuart D. Collingwood, der noch im Todesjahr Carrolls, 1898, die erste Biographie veröffentlichte, alle Teile der Tagebücher, die über die Beziehung hätten Aufschluß geben können, aus Pietät vernichtete.

Carroll war ein Verführer. Virtuos wie Don Juan und ebenso bestrickend, ebenso erfolgreich. Nur geheimer, subtiler, weniger leicht zu durchschauen, was nicht heißt, daß sein Preis die Imagination der Verführten allein gewesen wäre. Für Carroll, der nachweislich nie mit einer Frau in näherer Beziehung gestanden hat, war das Küssen die einzig übliche – und wohl auch einzig mögliche – Form des Liebesspiels. Einmal entdeckte er voll Schrecken, daß ein geküßtes Mädchen bereits 16 war, die Schwelle des für ihn Erlaubten also längst überschritten hatte, und bat ihre Mutter schriftlich um Entschuldigung, die jedoch ausgeschlagen wurde. Die Mittel seiner Verführungskunst waren Spiele, Rätsel, Zeichnungen, mathematisch-logische Kuriosa, Gedichte, extemporierte Geschichten, die Exotik des Photostudios in Tom Quad, Briefe. Immer war Carroll gerüstet. Wenn er ausging, wenn er verreiste, waren Taschen und Koffer voll von eigenen Erfindungen – verfitztes Garn, in das er die Unschuld lockte. Im Weißen Ritter des Spiegelbuchs hat er seine Erfindermanie persifliert. Die Taschen enthielten aber noch anderes: Sicherheitsnadeln, Salben, Tinkturen – sanfte Erste Hilfe kam oft als Anknüpfungspunkt gelegen. Die Freundschaften entspannen sich überall, auf der Straße, im Zug, im Theater. Häufig am Strand von Eastbourne, wo der hagere, schwarzgekleidete Voyeur stundenlang saß und den Moment abpaßte, in dem er sich ins Spiel bringen konnte.

Das ›Reich der Unschuld‹ hat Carroll zur Invasion gereizt. So bezaubernd die Briefe an die kleinen Freundinnen sich lesen, sie sind nie sanft, nie zärtlich, nie ohne Fallen und Schlingen. Selbst die häufig mitgeteilten

Küsse können oft erst mittels eines komplizierten Divisionsverfahrens an die, denen sie zugedacht sind, verteilt werden. Der Anmut ist nicht zu trauen, sie ist bizarr und bedrohlich. Selten kommt ein Brief ohne Scheltworte aus, die zwar witzig gemeint sind, wohl auch so verstanden werden, dennoch aber zwiespältige Gefühle wecken. Für die Attraktion, die die Mädchen auf Carroll ausüben, rächt er sich durch Aggression: er spürt, daß sie es sind, die dem eigenen Erwachsenwerden im Weg stehen, die ihm den Weg zur ›normalen‹ Liebe verstellen. Aggression schlägt ja auf das Nächstliegende, im Augenblick Greifbare ein, betäubt dadurch ihre Herkunft. Denn an sich selber vollzieht Carroll das Gericht offenbar nicht, wenn wir absehen von der pauschalen christlichen Zerknirschung, die ihn zuzeiten überfällt. Nur einmal findet sich in einem späten Brief die aufschlußreiche Stelle: »Ich will von mir nicht sprechen, das ist kein gesundes Thema.«

Carrolls ›Promiskuität‹ hatte ihre Grenzen: sie blieb strikt im Bereich der eigenen sozialen Schicht, was um so erstaunlicher ist, wenn man die Zufälligkeit des Kennenlernens bedenkt. In dem Zusammenhang ist ein Brief interessant, den er am 16. 2. 1894 an Beatrice Hatch schrieb, deren Schwester Evelyn übrigens 1933 die erste und einzige Ausgabe der *Letters to His Child-Friends* bei seinem Verleger Macmillan in London herausgegeben hat: »Einfach aus Neugier wüßte ich gerne, wer das süß aussehende zwölfjährige Mädchen in der roten Schlafmütze war – ich glaube, sie hatte eine jüngere Schwester, ebenfalls mit roter Schlafmütze. Sie hat sich mit Dir unterhalten, als ich hochkam, um Dir gute Nacht zu sagen. Ich fürchte, daß ich mich mit ihrem bloßen *Namen* begnügen muß: die gesellschaftliche Kluft zwischen uns ist vermutlich zu groß, als daß es klug wäre, *Freundschaft* zu schließen. Manche meiner kleinen Freundinnen am Theater gehören einer viel niedrigeren Gesellschaftsschicht an als ich. Doch unterhalb einer gewissen Grenze ist es kaum klug, ein Mädchen einen ›Herren‹-Freund haben zu lassen – und sei er 62!«

Die meisten seiner kleinen Freundinnen – kleine Jungen hat er gehaßt – waren Töchter von Geistlichen oder Schulmännern, Kollegenkinder. Dann Kinderschauspielerinnen, für die sich sein Herz bei den Londoner Pantomimenaufführungen entzündet hatte: etwa die drei Terry-Schwestern oder Isa Bowman, die später berühmte Irene Vanbrugh. Zu den Ausnahmen zählen Irene, Mary und Lilia MacDonald, deren Vater, der sehr bedeutende Kinderbuchautor George MacDonald, schon darum ein Denkmal verdient, weil die Welt ihm die Veröffentlichung der *Alice im Wunderland* verdankt – er hatte die Handschrift im Hause Liddell gesehen und bewog den timiden Verfasser, das Manuskript zu erweitern und dann durch seine Vermittlung bei Macmillan einzureichen; weiter Agnes und Amy Hughes, die Töchter von Arthur Hughes, dem präraffaelitischen Maler und Zeichner, der MacDonalds bestes Buch, *At the Back of North Wind*, mit Illustrationen ausgestattet hat, die, würde man sie einmal untersuchen, einen Schimmer auf das werfen könnten, was die offizielle Kunst der Zeit, die präraffaelitische nicht ausgenommen, zu unterdrücken bestrebt war: die Verbindung von Unschuld und, bürgerlich gesprochen, Verworfenheit.

Die Technik der Briefe, die Carroll seinen kleinen

Freundinnen schrieb, ist der Traumtechnik verwandt; das ›Rezente‹ wird zum Anlaß genommen und ins Absurde, Unsinnige ausgesponnen. Die Identität des träumenden Schreibers, des schreibenden Träumers spaltet sich auf in mehrere Identitäten (am aufschlußreichsten hierfür sind die Briefe S. 36 und S. 77) oder verdichtet sich aus mehreren zu einer (S. 82). Scheinbar Wichtiges – etwa die Beantwortung einer Frage, die vom Briefschreiber erwartet wird – schrumpft oder taucht höchstens verschlüsselt auf. Scheinbar nebensächliche Einzelheiten – oft ein Name, oft ein Wort – setzen dafür Geschichten in Gang, die sich nach einer ihren Wörtern immanenten Logik des Assoziierens entwickeln. Die Briefe werden nicht geschrieben, *um* eine bestimmte Geschichte zu erzählen, vielmehr entsteht beiläufig eine Geschichte, *wenn* und *weil* ein Brief geschrieben wird. Solche Geschichten sind häufig unlösbar mit der Sprache verbunden, in der sie sich entwickeln. Darum verbietet sich bei manchen die Übersetzung von selbst, oder sie kann nur eine dürre Wörtlichkeit der Einfälle bieten.

Die Briefe sind solche Partikel, wie sie Carroll zur Konstruktion seiner Bücher gesammelt hat. Denn auch diese sind nicht als Geschichten konzipiert, reihen vielmehr eine Fülle von Einzeleinfällen – Reihung heißt stehengebliebene Zeit! – zum scheinbaren Kontinuum einer Geschichte. Die im nachhinein ersonnene Fabel darf nicht über den Reihungscharakter, nicht über die relative Austauschbarkeit der Episoden hinwegtäuschen, auch wenn die Schachpartie des Spiegelbuchs zwangsläufige Abfolge zu suggerieren scheint. (Nebenbei ist die Schachpartie natürlich ein Königsbeispiel für das Korsett, in das der strikte Dodgson den genialisch-wuchernden Carroll immer wieder zu pressen Grund hatte.) Im Vorwort zu seinem Alterswerk *Sylvie und Bruno* erklärte der Dichter dessen Methode; leicht scheint Carroll es Dodgson wahrlich nicht gemacht zu haben: »Zehn Jahre brachte ich damit zu, in diese Fetzen und Einfälle eine Ordnung zu bringen, um zu sehen, auf was für eine Art von Geschichte sie hinausliefen; denn die Geschichte mußte aus den Einfällen erwachsen, und nicht die Einfälle aus der Geschichte.« Einfälle – das eben sind die Briefe an kleine Mädchen. Sie zeigen Carroll sozusagen ohne Dodgson, zeigen Gold, das ungeschmiedet blieb, doch um so verlockender glänzt.

(1966)

Nachbemerkung zur Neuausgabe

Die *Briefe an kleine Mädchen*, 1966 zum erstenmal auf deutsch erschienen, wurden damals aus einer Fülle von Quellen zusammengesucht. Inzwischen liegt eine zweibändige Originalausgabe vor: *The Letters of Lewis Carroll*, edited by Morton N. Cohen with the Assistance of Roger Lancelyn Green, London: Macmillan 1979. Für die Neuausgabe wurden alle Briefe nach dieser Edition durchgesehen. Zahlreiche Daten und Adressatennamen konnten dadurch korrigiert werden. Für die Neuausgabe wurden zehn weitere Briefe übersetzt; hinzugekommen sind ferner einige Faksimiles, die der Cohen-Ausgabe entnommen wurden.

Nachweise

Helmut Gernsheim Collection, University of Texas: Abb. 6, 7, 11, 12, 13, 17/Umschlagabbildung, 20, 21, 23, 27, 28, 29. Graham Ovenden Collection: Abb. 9, 10, 18, 20, 22, 24, 25, 30. Morris L. Parish Collection, University of Princeton: Abb. 1, 2, 3, 4, 5, 8, 14, 15, 16, 19, 26. O. G. Rejlander: Frontispiz

Englische und amerikanische Literatur
im insel taschenbuch

Elizabeth von Arnim: Elizabeth und ihr Garten. Aus dem Englischen von Adelheid Dormagen. it 1293

Jane Austen: Die Abtei von Northanger. Aus dem Englischen von Margarete Rauchenberger. Mit Illustrationen von Hugh Thomson. it 931

– Anne Elliot. Aus dem Englischen von Margarete Rauchenberger. Mit Illustrationen von Hugh Thomson. it 1062

– Emma. Aus dem Englischen von Charlotte Gräfin von Klinckowstroem. Mit Illustrationen von Hugh Thomson. it 511

– Lady Susan. Ein Roman in Briefen. Die Watsons. Sanditon. Zwei Romanfragmente. Aus dem Englischen von Angelika Beck und Elizabeth Gilbert. it 1192

– Lady Susan. Ein Roman in Briefen. Aus dem Englischen von Angelika Beck. Großdruck. it 2331

– Stolz und Vorurteil. Aus dem Englischen von Margarete Rauchenberger. Mit Illustrationen von Hugh Thomson und mit einem Essay von Norbert Kohl. it 787

Harriet Beecher-Stowe: Onkel Toms Hütte. In der Bearbeitung einer alten Übersetzung. Herausgegeben und mit einem Nachwort versehen von Wieland Herzfelde. Mit 27 Holzschnitten von Georg Cruikshank aus der englischen Ausgabe von 1852. it 272

Ambrose Bierce: Aus dem Wörterbuch des Teufels. Auswahl, Übersetzung und Nachwort von Dieter E. Zimmer. it 440

– Mein Lieblingsmord. Erzählungen. Mit einem Nachwort von Edouard Roditi. Aus dem Amerikanischen von Gisela Günther. it 39

– Das Spukhaus und andere Gespenstergeschichten. Deutsch von Gisela Günther, Anneliese Strauß und K. B. Leder. it 1411

Anne Brontë: Agnes Grey. Aus dem Englischen von Elisabeth von Arx. it 1093

Charlotte Brontë: Erzählungen aus Angria. Aus dem Englischen von Michael Walter und Jörg Drews. it 1285

– Jane Eyre. Eine Autobiographie. Aus dem Englischen von Helmut Kossodo. Mit einem Essay und einer Bibliographie herausgegeben von Norbert Kohl. it 813

– Der Professor. Aus dem Englischen von Gottfried Röckelein. it 1354

– Shirley. Aus dem Englischen von Johannes Reiher und Horst Wolf. it 1145

– Über die Liebe. Herausgegeben von Elsemarie Maletzke. Übertragen von Eva Groepler und Hans J. Schütz. it 1249

– Villette. Roman. Aus dem Englischen von Christiane Agricola. it 1447

Englische und amerikanische Literatur im insel taschenbuch

Emily Brontë: Die Sturmhöhe. Aus dem Englischen von Grete Rambach. it 141

Edward George Bulwer-Lytton: Die letzten Tage von Pompeji. Aus dem Englischen von Friedrich Notter. it 801

Lewis Carroll: Alice hinter den Spiegeln. Mit einundfünfzig Illustrationen von John Tenniel. Übersetzt von Christian Enzensberger. it 97

– Alice im Wunderland. Mit zweiundvierzig Illustrationen von John Tenniel. Übersetzt und mit einem Nachwort von Christian Enzensberger. it 42

– Geschichten mit Knoten. Eine Sammlung mathematischer Rätsel. Herausgegeben und übersetzt von Walter E. Richartz. Mit Illustrationen von Arthur B. Frost. it 302

– Die Jagd nach dem Schnark. Übersetzt und ausgeleitet von Klaus Reichert. Mit Illustrationen von Henry Holiday. it 598

Geoffrey Chaucer: Die Canterbury-Erzählungen. Vollständige Ausgabe. Aus dem Englischen übertragen und herausgegeben von Martin Lehnert. Mit Illustrationen von Edward Burne-Jones. it 1006

Gilbert Keith Chesterton: Alle Pater-Brown-Geschichten. 2 Bände in Kassette. it 1263/1149

– Pater-Brown-Geschichten. 24 Detektivgeschichten. Mit einem Nachwort von Norbert Miller. it 1149

– Die schönsten Pater-Brown-Geschichten. Großdruck. it 2332

Daniel Defoe: Glück und Unglück der berühmten Moll Flanders, die, im Zuchthaus Newgate geboren, nach vollendeter Kindheit noch sechzig wertvolle Jahre durchlebte, zwölf Jahre Dirne war, fünfmal heiratete, darunter ihren Bruder, zwölf Jahre lang stahl, acht Jahre deportierte Verbrecherin in Virginien war, schließlich reich wurde, ehrbar lebte und reuig verstarb. Beschrieben nach ihren eigenen Erinnerungen. Deutsch von Martha Erler. Mit Illustrationen von William Hogarth und einem Essay von Norbert Kohl. it 707

– Robinson Crusoe. Mit Illustrationen von Ludwig Richter. In der Übersetzung von Hannelore Novak. it 41

Charles Dickens: Bleak House. Aus dem Englischen von Richard Zoozmann. Mit Illustrationen von Phiz. it 1110

– David Copperfield. Mit Illustrationen von Phiz. it 468

– Detektivgeschichten. Aus dem Englischen von Franz Franzius. it 821

– Eine Geschichte aus zwei Städten. Mit Illustrationen von Phiz. it 1033

– Große Erwartungen. Aus dem Englischen von Margit Meyer. Mit Illustrationen von F. W. Pailthorpe. it 667

Englische und amerikanische Literatur im insel taschenbuch

Charles Dickens: Harte Zeiten. Aus dem Englischen von Paul Heichen. Mit Illustrationen von F. Walker und Maurice Greiffenhagen. it 955
- Nikolaus Nickleby. Mit Illustrationen von Phiz. it 1304
- Die Pickwickier. Mit Illustrationen von Robert Seymour, Robert William Buss und Phiz. it 896
- Der Raritätenladen. Aus dem Englischen von Leo Feld. Mit Holzschnitten von George Cattermole, H. K. Browne, George Cruikshank und Daniel Maclise. it 716
- Weihnachtserzählungen. Mit Illustrationen von Leech, Stanfiels, Stone u.a. it 358

Charles A. Eastman: Indianergeschichten aus alter Zeit. Deutsch von Elisabeth Friederichs. Mit einem Nachwort herausgegeben von Dietrich Leube. Illustrationen und Anmerkungen von Frederick Weygold. it 861

Henry Fielding: Tom Jones. Die Geschichte eines Findelkindes. 2 Bde. Mit Illustrationen von Gravelot und Moreau le jeune. Herausgegeben und mit einem Nachwort von Norbert Kohl. it 504

Ben Hecht: Tausendundein Nachmittage in New York. Aus dem Amerikanischen von Helga Herborth. Mit Illustrationen von George Grosz. it 1323

Rudyard Kipling: Mit der Nachtpost. Unheimliche Geschichten. Aus dem Englischen von Friedrich Polakovics. it 1368
- Unheimliche Geschichten. Aus dem Englischen von Friedrich Polakovics. it 1286

D. H. Lawrence: Erotische Geschichten. Aus dem Englischen von Heide Steiner. it 1385

Matthew Gregory Lewis: Der Mönch. Aus dem Englischen von Friedrich Polakovics. Mit einem Essay und einer Bibliographie von Norbert Kohl. it 907

Jane Lidderdale / Mary Nicholson: Liebe Miss Weaver. Ein Leben für Joyce. Aus dem Englischen von Angela Praesent und Anneliese Strauss. it 1436

Lord Byron. Ein Lesebuch mit Texten, Bildern und Dokumenten. Herausgegeben von Gert Ueding. it 1051

Katherine Mansfield: Der Mann ohne Temperament und andere Erzählungen. Aus dem Englischen von Heide Steiner. Großdruck. it 2325
- Seligkeit und andere Erzählungen. Aus dem Englischen von Heide Steiner. it 1334

Englische und amerikanische Literatur
im insel taschenbuch

Charles Robert Maturin: Melmoth der Wanderer. Roman. Aus dem Englischen von Friedrich Polakovics. Mit einem Nachwort von Dieter Sturm. it 1279

Herman Melville: Israel Potter. Seine fünfzig Jahre im Exil. Aus dem Amerikanischen von Uwe Johnson. it 1315

– Moby Dick. 2 Bde. Aus dem Amerikanischen von Alice und Hans Seiffert. Mit Zeichnungen von Rockwell Kent und einem Nachwort von Rudolf Sühnel. it 233

Samuel Pepys: Das geheime Tagebuch. Herausgegeben von Anselm Schlösser und übertragen von Jutta Schlösser. Mit Abbildungen. it 637

Sylvia Plath: Das Bett-Buch. Aus dem Englischen von Eva Demski. Mit farbigen Illustrationen von Rotraud Susanne Berner. it 1474

Edgar Allan Poe: Der entwendete Brief und andere Erzählungen. Ausgewählt von Franz-Heinrich Hackel. Aus dem Amerikanischen von Werner Beyer u.a. Mit Holzschnitten von Fritz Eichenberg. Großdruck. it 2309

– Erzählungen. Übertragen von Barbara Cramer-Nauhaus, Erika Gröger und Heide Steiner. it 1449

– Das Geheimnis der Marie Rogêt und andere Erzählungen. Aus dem Amerikanischen von Werner Beyer, Felix Friedrich und anderen. it 783

– Grube und Pendel. Und andere Erzählungen. Mit einem Nachwort von Franz Rottensteiner und Illustrationen von Harry Clarke. Aus dem Amerikanischen von Günther Steinig. ›Grube und Pendel‹ wurde von Elisabeth Seidel übersetzt. it 362

– Der Untergang des Hauses Usher. Meistererzählungen. Aus dem Amerikanischen von Barbara Cramer-Nauhaus, Erika Gröger und Heide Steiner. it 1373

Reynolds Price: Ein ganzer Mann. Roman. Aus dem Amerikanischen von Maria Carlsson. it 1378

Walter Scott: Ivanhoe. Roman. Deutsch von Leonhard Tafel. Textrevision und Nachwort von Paul Ernst. it 751

William Shakespeare: Hamlet. Prinz von Dänemark. Aus dem Englischen von August Wilhelm von Schlegel. Durchgesehen von Levin L. Schücking. Mit Illustrationen von Eugène Delacroix. Herausgegeben und mit einem Essay versehen von Norbert Kohl. it 364

– Richard III. Aus dem Englischen von Thomas Brasch. it 1109

– Romeo und Julia. Deutsch von Thomas Brasch. it 1383

– Was ihr wollt. Aus dem Englischen von Thomas Brasch. it 1205

Englische und amerikanische Literatur
im insel taschenbuch

Mary W. Shelley: Frankenstein oder Der moderne Prometheus. Mit einem Essay von Norbert Kohl. it 1030

Muriel Spark: Mary Shelley. Eine Biographie. Deutsch von Angelika Beck. Mit zahlreichen Abbildungen. it 1258

Laurence Sterne: Leben und Meinungen von Tristram Shandy Gentleman. In der Übersetzung von Adolf Friedrich Seubert. Durchgesehen und revidiert von Hans J. Schütz. Mit einem Essay und einer Bibliographie von Norbert Kohl. Illustrationen von George Cruikshank. it 621

– Yoricks Reise des Herzens durch Frankreich und Italien. Aus dem Englischen übersetzt und mit einem Nachwort versehen von Helmut Findeisen. Mit zwölf Holzschnitten nach Tony Johannot. it 277

Robert Louis Stevenson: Die Schatzinsel. Aus dem Englischen von Karl Lerbs. Mit Illustrationen von Georges Roux. it 65

Bram Stoker: Dracula. Aus dem Englischen von Karl Bruno Leder. it 1086

Jonathan Swift: Gullivers Reisen. Mit Illustrationen von Grandville und einem Vorwort von Hermann Hesse. Aus dem Englischen übersetzt von Franz Kottenkamp. Vervollständigt und bearbeitet von Roland Arnold. it 58

William Makepeace Thackeray: Jahrmarkt der Eitelkeit. Ein Roman ohne Held. 2 Bde. Mit Illustrationen von Thackeray. Herausgegeben und mit einem Nachwort von Norbert Kohl. Dem deutschen Text wurde eine Übertragung aus dem Nachlaß von H. Röhl zugrunde gelegt. it 485

Mark Twain: Gesammelte Werke in 10 Bänden. Ausgewählt und zusammengestellt von Norbert Kohl. it 831-840

Band 2: Tom Sawyers Abenteuer. Bearbeitet von Karl Heinz Berger. Mit Illustrationen von True W. Williams. it 832

Band 4: Bummel durch Europa. Deutsch von Gustav Adolf Himmel. Mit Illustrationen der Erstausgabe von W. Fr. Brown, True W. Williams, B. Day u.a. it 834

Band 6: Leben auf dem Mississippi. Deutsch von Helene Ritzerfeld. Mit Illustrationen von Klaus Ensikat. it 836

Band 7: Huckleberry Finns Abenteuer. Deutsch von Barbara Cramer-Nauhaus. Mit Illustrationen von Edward W. Kemble. it 837

Band 8: Ein Yankee am Hofe des Königs Artus. Deutsch von Maja Ueberle. Mit Illustrationen der Erstausgabe von Daniel C. Beard. it 838

Englische und amerikanische Literatur
im insel taschenbuch

Mark Twain: Der gestohlene weiße Elefant und andere Erzählungen. Ausgewählt von Franz-Heinrich Hackel und Norbert Kohl. Mit zahlreichen Abbildungen. Großdruck. it 2308

Oscar Wilde: Gesammelte Werke in zehn Bänden. Herausgegeben von Norbert Kohl. it 582

- Band 1: Das Bildnis des Dorian Gray. Übersetzt von Christine Hoeppner.
- Band 2: Märchen und Erzählungen. Übersetzt von Franz Blei und Christine Hoeppner.
- Band 3: Theaterstücke I. Übersetzt von Christine Hoeppner.
- Band 4: Theaterstücke II. Übersetzt von Christine Hoeppner.
- Band 5: Gedichte. Übersetzt von Gisela Etzel, Otto Hauser, Norbert Kohl und Elfriede Mund.
- Band 6: Essays I. Übersetzt von Friedrich Polakovics, Franz Blei, Emanuela Mattl-Löwenkreuz und Max Meyerfeld.
- Band 7: Essays II. Übersetzt von Christine Hoeppner, Norbert Kohl, Christine Koschel und Inge von Weidenbaum.
- Band 8: Briefe I. Übersetzt von Hedda Soellner. Herausgegeben von Rupert Hart-Davis.
- Band 9: Briefe II. Übersetzt von Hedda Soellner. Herausgegeben von Rupert Hart-Davis.
- Band 10: Briefe III. Anmerkungen. Übersetzt von Hedda Soellner. Herausgegeben von Rupert Hart-Davis.

– Aphorismen. Herausgegeben von Frank Thissen. it 1020

– Das Bildnis des Dorian Gray. Deutsch von Hedwig Lachmann und Gustav Landauer. Mit einem Essay, einer Auswahlbibliographie und einer Zeittafel herausgegeben von Norbert Kohl. it 843

– Die Erzählungen und Märchen. Mit Illustrationen von Heinrich Vogeler. Aus dem Englischen übersetzt von Felix Paul Greve und Franz Blei. it 5

– Gedichte. Herausgegeben von Norbert Kohl. it 1455

– Das Gespenst von Canterville. Erzählung. Mit Illustrationen von Oski. Aus dem Englischen von Franz Blei. it 344

– Der glückliche Prinz und andere Märchen. Aus dem Englischen von Franz Blei. Mit Illustrationen von Michael Schroeder und einem Nachwort von Norbert Kohl. it 1256

– Lord Arthur Saviles Verbrechen und andere Geschichten. Mit Illustrationen von Michael Schroeder. Aus dem Englischen von Christine Hoeppner. it 1151

– Salome. Dramen, Schriften, Aphorismen und ›Die Ballade vom Zuchthaus zu Reading‹. Mit Illustrationen von Marcus Behmer. it 107

Literatur und Reisen
im insel taschenbuch

Alt-Prager Geschichten. Gesammelt von Peter Demetz. Mit Illustrationen von Hugo Steiner-Prag. it 613

Alt-Wiener Geschichten. Gesammelt von Joseph Peter Strelka. Mit sechs farbigen Abbildungen. it 784

Das andere Ferienbuch. Herausgegeben von Vera Pagin und Hans-Joachim Simm. it 1174

Ernst Batta: Römische Paläste und Villen. Annäherung an eine Stadt. Mit zahlreichen Abbildungen. it 1324

Berlin. Literarischer Führer. Von Fred Oberhauser und Nicole Henneberg. Mit farbigen Abbildungen. it 1412

Sigrun Bielfeldt: Literarischer Führer durch Moskau. Mit zahlreichen Abbildungen. it 1382

Bodensee. Reisebuch. Herausgegeben von Dominik Jost. Mit zahlreichen Abbildungen. it 1490

Bonn. Ein Städte-Lesebuch. Herausgegeben von Doris Maurer und Arnold E. Maurer. Mit zahlreichen Abbildungen. it 1224

Kai Brodersen: Die Sieben Weltwunder. Philon von Byzanz und andere antike Texte. Zweisprachige Ausgabe von Kai Brodersen. Mit zahlreichen Abbildungen. it 1392

Dresden. Ein Reiselesebuch. Herausgegeben von Katrin Nitzschke. Unter Mitarbeit von Reinhard Eigenwill. Mit zahlreichen Abbildungen. it 1365

Das Ferienbuch. Literarische Souvenirs, aufgelesen von Vera Pagin und Hans-Joachim Simm. it 1082

Dominique Fernandez: Süditalienische Reise. Aus dem Französischen von Julia Kirchner. Mit farbigen Fotografien von Martin Thomas. it 1076

Flandern. Ein literarisches Landschaftsbild. Herausgegeben von Werner Jost und Joost de Geest. it 1254

Florenz. Lesarten einer Stadt. Herausgegeben von Andreas Beyer. Mit zahlreichen Illustrationen. it 633

Florida. Reisebuch. Herausgegeben von Katharina Frühe und Franz Josef Görtz. Mit zahlreichen Abbildungen. it 1492

Theodor Fontane: Jenseit des Tweed. Bilder und Briefe aus Schottland. Mit zahlreichen Abbildungen und einem Nachwort herausgegeben von Otto Drude. it 1066

Georg Forster: Reise um die Welt. Herausgegeben und mit einem Nachwort von Gerhard Steiner. it 757

Frankfurt. Reisebuch. Herausgegeben von Herbert Heckmann. Mit zahlreichen Abbildungen. it 1438

Literatur und Reisen
im insel taschenbuch

Manuel Gasser: Spaziergang durch Italiens Küchen. Mit Bildern von Manfred Seelow. it 391

Johann Wolfgang Goethe: Italienische Reise. Mit vierzig Zeichnungen des Autors. Herausgegeben und mit einem Nachwort versehen von Christoph Michel. it 175

– Tagebuch der Italienischen Reise 1786. Notizen und Briefe aus Italien. Mit Skizzen und Zeichnungen des Autors. Herausgegeben und erläutert von Christoph Michel. it 176

– Tagebuch der ersten Schweizer Reise 1775. Goethes letzte Schweizer Reise. Mit den Zeichnungen des Autors und einem vollständigen Faksimile der Handschrift, herausgegeben und erläutert von Hans-Georg Dewitz. it 300/375

Dietmar Grieser: Wiener Adressen. Ein kulturhistorischer Wegweiser. it 1203

Hamburg. Ein Städte-Lesebuch. Herausgegeben von Eckart Kleßmann. it 1312

Victor Hehn: Olive, Wein und Feige. Kulturhistorische Skizzen. Herausgegeben von Klaus von See unter Mitwirkung von Gabriele Seidel-Leimbach. Mit farbigen Abbildungen. it 1427

Heidelberg-Lesebuch. Stadt-Bilder von 1800 bis heute. Herausgegeben von Michael Buselmeier. it 913

Heinrich Heine: Briefe aus Berlin. Herausgegeben von Joseph A. Kruse. it 1322

– Italien. Mit farbigen Illustrationen von Paul Scheurich. it 1072

Hermann Hesse: Mit Hermann Hesse durch Italien. Ein Reisebegleiter durch Oberitalien. Mit farbigen Fotografien. Herausgegeben von Volker Michels. it 1120

Mit Hermann Hesse reisen. Betrachtungen und Gedichte. Herausgegeben von Volker Michels. it 1242

Istanbul. Herausgegeben von Esther Gallwitz. Mit Illustrationen von Thomas Allom. it 530

Erhart Kästner: Griechische Inseln. Aufzeichnungen aus dem Jahre 1944. Mit einem Nachwort von Heinrich Gremmels. it 118

– Kreta. Aufzeichnungen aus dem Jahre 1943. Mit einem Nachwort von Heinrich Gremmels. it 117

– Die Lerchenschule. Aufzeichnungen von der Insel Delos. it 57

– Ölberge, Weinberge. Ein Griechenland-Buch. Mit Zeichnungen von Helmut Kaulbach. it 55

– Ölberge, Weinberge. Die Stundentrommel vom heiligen Berg Athos. 2 Bände in Kassette. it 55/56

Literatur und Reisen
im insel taschenbuch

Erhart Kästner: Die Stundentrommel vom heiligen Berg Athos. it 56

Kunstführer durch Sachsen und Thüringen. Herausgegeben von Katharina Flügel. Mit farbigen Abbildungen. it 1327

Carl von Linné: Lappländische Reise. Mit Zeichnungen des Autors. Aus dem Schwedischen übersetzt von H. C. Artmann unter Mitwirkung von Helli Clervall. it 102

Literarischer Führer durch Schwarzwald und Oberrhein. Ein Insel-Reisebuch. Herausgegeben von Hans Bender und Fred Oberhauser. Mit zahlreichen Abbildungen. it 1330

London. Eine europäische Metropole in Texten und Bildern. Herausgegeben von Norbert Kohl. it 322

Doris Maurer / Arnold E. Maurer: Literarischer Führer durch Italien. Ein Insel-Reiselexikon. Mit zahlreichen Abbildungen, Karten und Registern. it 1071

Doris Maurer / Arnold E. Maurer: Literarischer Führer durch Venedig. Mit farbigen Abbildungen. it 1413

Günter Metken: Reisen als schöne Kunst betrachtet. Erlebtes und Gesehenes aus fernen Ländern. Mit Photographien von Sigrid Metken. it 639

Mit Rilke durch das alte Prag. Herausgegeben von Hartmut Binder. Mit zahlreichen Abbildungen. it 1489

Michel de Montaigne: Tagebuch einer Reise durch Italien. Aus dem Französischen von Otto Flake. it 1074

Sigrun Bielfeldt: Literarischer Führer durch Moskau. Mit zahlreichen Abbildungen. it 1382

München. Ein Lesebuch. Herausgegeben von Reinhard Bauer und Ernst Piper. Mit zahlreichen Abbildungen. it 827

Fred Oberhauser / Gabriele Oberhauser: Literarischer Führer durch Deutschland. Ein Insel-Reiselexikon für die Bundesrepublik Deutschland und Berlin. Mit Abbildungen, Karten und Registern. it 527

Paris. Deutsche Republikaner reisen. Herausgegeben von Karsten Witte. it 389

Ernst Penzoldt: Sommer auf Sylt. Liebeserklärungen an eine Insel. Mit farbigen Zeichnungen des Verfassers. Herausgegeben von Volker Michels. it 1424

Potsdam. Ein Reise-Lesebuch. Herausgegeben von Doris Maurer und Arnold E. Maurer. Mit farbigen Abbildungen. it 1432

Prag. Ein Lesebuch. Herausgegeben von Jana Halamičková. Mit zahlreichen Abbildungen. it 994

Rom. Ein Städte-Lesebuch. Herausgegeben von Michael Worbs. it 921

Literatur und Reisen
im insel taschenbuch

Salzburg. Ein Städte-Lesebuch. Herausgegeben von Adolf Haslinger. Mit zahlreichen Abbildungen. it 1326

Schleswig-Holstein. Ein Reiselesebuch. Herausgegeben von Dieter-Alpheo Müller und Fred Oberhauser. Mit zahlreichen Abbildungen. it 1393

Südtirol. Ein literarisches Landschaftsbild. Herausgegeben von Dominik Jost. it 1317

Toskana. Ein literarisches Landschaftsbild. Herausgegeben von Andreas Beyer. Mit Fotografien von Loretto Buti. it 926

Tübingen. Ein Städte-Lesebuch. Herausgegeben von Gert Ueding. Mit zahlreichen Abbildungen. it 1246

Umbrien. Reisebuch. Herausgegeben von Isolde Renner. Mit zahlreichen Abbildungen. it 1491

Venedig. Herausgegeben von Doris Maurer und Arnold E. Maurer. Mit zahlreichen Abbildungen. it 626

Warum in die Ferne? Das Lesebuch vom Daheimbleiben. Eingerichtet von Hans Christian Kosler. it 1332

Die Welt der Museen. Herausgegeben von Joachim Rönneper. it 1493

Westfalen. Ein Reiselesebuch. Herausgegeben von Hans Georg Schwark und Fred Oberhauser. Mit zahlreichen Abbildungen. it 1394

Wien im Gedicht. Herausgegeben von Gerhard C. Krischker. it 1488